# 你可以習慣不在意

不內耗、不執著、不迷惘的62個心態重整練習

枡野俊明 著
王蘊潔 譯

# 序言

「雖然知道非做不可，卻完全提不起勁……」

「人際關係讓我痛苦不已，每天都很心煩，很浮躁……」

「只要想到將來的事，就會倍感不安，繼續這樣下去，真的沒問題嗎……」

很多人內心充滿了這樣的焦慮、怒氣、不安、自我厭惡……這些無處宣洩的感情，整天感到心浮氣躁。

任何人內心都會產生這些負面情感。

再加上身處目前忙碌的社會，內心就會更加浮躁，也許有很多人感到心累。

如果不消化、處理這些負面的感情，就會引發其他負面的感情。比方說，你是否曾經遇到以下的情況。

「提不起勁做事，內心感到焦急。」

「不知道能不能在規定的日期之前完成，為此感到不安。」

「厭惡無法完成工作的自己。」

「繼續這樣，別人會看不起自己，感覺遭到排斥。」

這完全就是陷入「負面循環」的狀況。

有些人在內心產生這種負面感情時，能夠自行「重新調整」，人生就會變得輕鬆愉快。

本書將以「禪」的思想作為切入點，盡可能用簡單易懂的方法，介紹重整心態的方法。

「活在當下」，是禪的教誨基礎。

因為禪認為，「當下」這個瞬間是無可撼動的存在。

「當下」這個瞬間持續累積，就成為人的一生。

不屬於過去，也不屬於未來的這一天、這個瞬間「只存在於當下」。禪的生活方式，就是帶著這種想法過好每一天。

每時每刻，隨時重新調整自己的心態，用嶄新的心面對每天的生活。

過去無法重來，沒有人知道未來會怎麼樣，這是永遠都不會改變的真理。

不需要為過去或是未來煩心，而是在日常生活中，養成「重整的習慣」，就會活得更輕鬆，能夠保持自己原來的樣子，走在自己的人生路上。

請各位能夠透過這本書，充分感受這種美好的變化。

CONTENTS

## 第4章 得到無可取代的良緣

## 第5章 整理紛亂的情緒



## 第6章 培養舒服自在的習慣

第7章

## 用禪的精神改變微不足道的每一天

# 第1章

# 聰明放下沒有止境的煩惱

01

# 默默做好每一件力所能及的事。

結果自然成

之前經歷了新冠病毒疫情的全球大流行，即使每個人都希望疫情可以趕快降溫，但任何人都無能為力。

這個世界上，有些事可以靠自己的努力解決，但有些事再怎麼努力都無濟於事。

對於能夠解決的事，可以尋找解決之道。即使沒有成功，也瞭解失敗的原因，因此能夠接受。

如果是努力也無法改變的事，就有點傷腦筋。

新冠疫情就是如此。大家都知道，這種無法靠努力改變的事不會永遠持續下去，以前也曾經發生過西班牙流感大流行，持續了三年左右後平息。其他的每一次瘟疫，最後也都順利解決。

然而，即使知道疫情遲早會過去，仍然會因為不知道究竟在什麼時候結束，所以就會手忙腳亂，驚慌失措。

因為不知道疫情什麼時候才會結束，所以才會感到不安。

沒錯。造成不安的原因，並不是令人束手無策的事本身，而是因為我們不知道束手無策的事，到底什麼時候才會結束。

首先必須接受，自己對有些事無能為力。學會放棄很重要。

接受之後，就會發現心情變輕鬆了。

心情放輕鬆之後，就會慢慢搞清楚自己目前該做的事，以及什麼是自己力所能及的事，然後努力做好這些事。

## 達摩大師「少安勿躁」的教誨

有一句禪語叫做「結果自然成」。

這是將禪法傳到中國的祖師菩提達摩，對成為他的接班人的慧可大師[1]傳道時說的話。

這句話是「一華開五葉，結果自然成」中的結語。

一朵花綻放時有五片花瓣，開花之後會結出果實——不必著急，只要逐一完成自己力所能及的事，自然能夠開花、結果。

達摩大師諄諄教誨，「雖然無法立刻弘揚禪法，但是無須急躁，只要弟子傳給弟子，一代一代努力傳承，禪法必定得以發揚光大」。

我認為達摩大師的這句話，是在告訴我們「少安無躁」。

無能為力的時候，就真的無能為力。先不要急躁，默默接受現實——這樣就可以重整自己的心態。

・・・

在接受自己感到無能為力的事情時，你會露出什麼樣的表情？在接受之後，原本咬緊的牙齒是不是會放鬆，臉上露出微笑？

因為「結果自然成」，所以不妨放寬心，不要急躁，先接受眼前的事實。

1 四八七～五九三，俗名姬光，號神光，虎牢人（河南省滎陽縣），被尊為禪宗二祖。

02

# 迷失自我太可惜。

放下著

「那個人的工作能力比我強。」

「她的生活看起來好像過得比我更快樂。」

當我們和別人比較，發現自己不如人，別人比自己更優秀，就會覺得心裡很不是滋味，或是心生羨慕，對目前的自己感到不滿。

但是，如果自己在工作上比對方更能幹，或是比對方略勝一籌，就會產生優越感，內心忍不住有點小得意。

社群媒體的發展，讓人比之前更容易和他人進行比較，讓人更明確地瞭解自己的處境。有越來越多人因為和他人比較，一下子開心，一下子鬱悶，內心感到莫大的痛苦。

但是，和他人比較，只能確認自己的處境，僅此而已。

社群媒體不僅能夠透過手機和電腦，讓我們接觸到很多關於別人的事，更會讓我們心生不安，同時也擔心如果不分享自己的情況，就會遭到疏遠。

於是，就很希望別人肯定自己，讓自己看起來過得很好，在無意識中

「自抬身價」。

這種行為會引發新的煩惱。

因為如此一來，會為自抬身價的自己，和真實的自己之間的落差感到煩惱，會逼著自己成為自抬身價後的那個「理想中的自己」。

如果一開始就呈現「真實的自己」，就可以避免這種痛苦。

## 拋開自尊心的勇氣

希望別人眼中的我，比實際的我更出色的想法就是「自我」，佛教否定這樣的「自我」，這種自我最難以對付。

「放下著」這句禪語的意思，就是捨棄自我。

捨棄自我，並不是放棄自己所擁有的名譽、財產、知識、地位和主義，而是教導我們，「放下自己的自尊心和固執，遠離執著」，帶著「如果真的不行，再撿回來就好」的想法，試著捨棄自尊心。雖然起初會感到害怕，但是一旦捨棄，就會發現卸下了肩上的擔子，整個人變輕鬆了。

用自己真實的樣子出現在大家面前，就能夠對自己坦誠，心情也更加舒服自在。

• • •

看到別人的日子過得很充實美好，心情受到影響，進而迷失真正的自己，是一件令人遺憾的事。如果整天都羨慕別人，就會離自己期望的充實生活越來越遠。

抛開自尊心，肯定真實的自己。帶著「我才不在意別人的眼光」的想法生活，就可以邁向屬於自己的充實人生。

03

除了自己
目前正在做的事，
其他的全都是「妄想」。

莫妄想

我們來稍微深入討論一下「比較」這件事。

莎士比亞在他的作品中，留下了「人生就是持續不斷的選擇」這句經典名言。

從「今天要穿哪一雙鞋子出門？」、「今天午餐要吃什麼？」、「要不要買這本書？」這種日常生活的選擇，到「要不要和他結婚？」、「要不要動手術？」這種影響人生的選擇，我們的生活必須持續面對各種不同的選擇。

所以，人生就是各種選擇的累積。

選擇就是一種比較，是從對立的角度看問題。

比方說，同時接到A和B兩個工作，通常會根據薪資條件、工作的輕鬆程度等「得失」，決定要選擇哪一個工作，所以是從對立的角度看待A和B這兩個工作。

但是，原本以為A的工作對自己更有利，但是實際工作之後，發現公司的業務還不成熟，經常發生各種問題，就會覺得早知如此，應該選擇

B的工作。這種情況也並不少見，於是就會為自己作出了錯誤的選擇感到懊惱。

## 束縛心靈的一切都是「妄想」

有一句禪語叫做「莫妄想」。

「莫妄想」就是不要妄想的意思。「妄想」通常代表胡思亂想一些毫無根據的事，幻想一些荒誕的事。

但是，禪所認為的妄想意義更加廣泛，所有束縛心靈，在心頭揮之不去的事都是妄想。禪認為「除了目前正在做的事，其他全都是妄想」。只要專注在「當下」，就可以擺脫妄想。

即使持續修行的僧侶，也無法擺脫所有的妄想，但是會努力減少妄想。妄想的根源，在於從對立的角度思考問題。生死、愛恨、美醜、貧富、得失、優劣、好惡等等，從這種對立的角度看問題，就會產生幻想，成為內心的雜念。

只專注在眼前做的事，就沒有時間胡思亂想，也就不會產生妄想。

・・・

前面提到在選擇 A 和 B 這兩個工作時，完全是從「得失」這種對立的角度看問題，於是產生了選擇這個工作，對自己更有利的妄想。

在面對必須二選一的選擇時，到底該怎麼辦？

我會選擇和自己有「緣分」的選項。以工作來說，比方說，假設是朋友介紹的工作，或是工作內容和其他受到好評的工作很相似，我就會選擇這種認為和自己「有緣分」的工作。

即使工作內容很困難，也會覺得正在往好的方向發展。即使工作不順利，也不至於感到後悔。

04

# 人際關係中，幾乎所有的煩惱都源自「錯誤認知」。

慈悲

我們生活在和周圍人所產生的各種人際關係中，如果建立了良好的人際關係，即使生活中有一些煩惱或是痛苦，日子也會過得頗幸福。

但是，如果人際關係不融洽，心情就會很沉重，就會造成壓力，導致情緒浮躁。

彼此說的話和表現的態度，都會影響人際關係。你是否曾經因為對方一句不經意的話，刺傷了自己的心，產生「他是不是討厭我？」、「他是不是對我有仇或是恨我？」之類的想法？

雖然對方的確有可能是基於仇恨或是憎恨說那句話，但是十之八九的情況，是言者根本無心，但聽者認為「有這麼一回事」。

比方說，上司的訓斥。上司的目的是藉由訓斥的方式鼓勵，激發下屬的幹勁，但下屬可能會認為「上司是不是看我不順眼？」、「他是不是想拿走我手上的案子？」上司訓斥的目的是期待下屬的成長，但下屬的感受可能完全相反。

遭到訓斥時，能夠用正向態度對待的人，才能夠持續成長，充分發揮自己的實力。如果從負面角度理解，就會影響工作士氣，進而影響工作成效。

## 遭到訓斥，就是觀音菩薩現身

從廣義上來說，訓斥是因「慈悲」而說的話。

在《大智度論》這本佛經中提到，「慈悲是佛道之根本」。

慈悲的「慈」，就是慈愛的心，希望消除對方的痛苦和煩惱。「悲」就是和對方一起悲傷，想要帶給對方喜悅和快樂。

救濟眾生的痛苦、苦難，給予安樂的「拔苦予樂」，是佛教的根本。

「眾生」就是「世上所有的生命」，無論是家人還是外人，不管喜歡還是討厭，無論對誰都沒有差別，都要帶著慈悲心和對方相處。

「觀音菩薩」就是慈悲的菩薩，觀音菩薩充分觀察和傾聽眾生的痛苦和煩惱，引導人們走向更好的方向，所以自古以來，就有很多人信仰。

‧‧‧

人際關係中的不安，幾乎都來自於錯誤認知。

對方的一句話刺傷了自己，因為遭到訓斥而感到不安，或是因為對方態度冷淡，而感到內心不平靜——

這種時候，不妨把對方視為觀音菩薩。

「因為他（她）是觀音菩薩，所以會溫柔地守護我。」

這麼一想，心情就會放輕鬆。

當然，自己和他人相處時，也要努力成為發揮慈悲心對待別人的觀音菩薩。

05

# 即使犯了錯，也不要沮喪，繼續向前邁進。

過而不改
是謂過矣

無論在工作上或是日常生活中，都會犯錯，都會失敗。因為一時疏忽犯了錯，造成他人的困擾時，都會讓人感到懊惱羞愧，無地自容。

但是，一味沮喪無法解決問題。一旦犯了錯，首先必須坦承認錯，向因為自己的錯誤而受到影響的人道歉。

道歉也有所謂的「賞味期限」。道歉越及時，越能夠打動對方，而且傷口也更小，更容易修正偏離的軌道。

比方說，如果不小心忘了提交報告，只要立刻道歉說：「對不起，我忘記了，我馬上來寫。」上司會提醒一句「以後要注意」，事情就結束了。

但是，有些人會搬出一大堆藉口，說什麼「因為接待客人耽誤了時間，所以沒時間寫報告」，無法坦承道歉，或是悶不吭氣，假裝沒有這件事，甚至有人想要隱瞞自己的疏失。

遇到這種情況，上司難免會覺得「如果無法完成，要趕快告訴我」、「既然之前答應要做，無法完成就是你的問題，我不想聽這種為自己無法完成工作找的藉口」，和上司之間的關係就會受到影響。

媒體報導的很多企業醜聞，也都是因為那些企業想要隱瞞錯誤，無法坦承認錯，最後成為喧騰一時的社會問題。即使有任何不當的情事，只要承認錯誤，並且誠懇道歉，通常不至於讓事情發展到一發不可收拾的地步。

## 反省卻不後悔

「過則勿憚改。」

「過而不改，是謂過矣。」

《論語》是中國的古典著作，傳授了豐富的人生哲思，以上是《論語》中很知名的兩句話。

這兩句話的意思是，「人雖然會犯錯，但是一旦意識到自己犯了錯，就要立刻改正。明知自己犯了錯，卻知錯不改，才是大錯特錯」。

改正錯誤的第一步，就是「坦然承認」和「道歉」。

坦承自己犯下的錯誤和罪行稱為「懺悔」。雖然懺悔這兩個字容易讓人聯想到基督教，但其實原本就是佛教的語言。

在禪修的早課和晚課之前，都一定要誦唸〈懺悔文〉這篇簡短的經文。我們在每天的生活中一定會犯錯，但不能犯了錯而不自知，而是在禪修時發現這些錯誤，誦經反省。反省卻不後悔，有助於我們建立積極正向的生活方式。

・・・

即使犯了錯，只要立刻道歉，重新調整自己，避免日後再犯相同錯誤的人，比那些整天為自己的錯誤找理由，無法坦承道歉的人，更能夠受到肯定。

06

# 偶爾卸下沉重的「心靈盔甲」。

雨露

我們在社會生活中，會不知不覺讓心靈穿上了盔甲。

「心靈的盔甲」就是地位、學歷、家世、工作的成果和過去的成就等——或者可以說是自我認知或是自尊心。也可能因為過度意識到自己獨特的風格，為心靈穿上了盔甲。

比方說，面對下屬時，言行舉止都會「像上司的樣子」。衣著打扮向來嚴謹的人，在挑選衣服時，也會精心挑選，讓自己在衣著上無懈可擊。每個人都會為自己的心靈穿上各式各樣的盔甲。

禪宗將毫無隱瞞、毫不保留呈現的狀態稱為「露」。

「露」就是顯現、隱約可見的意思，像是「顯露」、「暴露」等，也就是卸下所有心靈盔甲的狀態。

我推薦各位，每天都要讓自己有一、兩次卸下沉重心靈盔甲的時間，呈現「自己真實的樣子」。

具體的做法就是拜祖先，這是感謝的時間。

回顧今天一整天的生活，用「自己真實的樣子」回想「今天發生了這樣的事」、「我這樣的應對態度正確嗎？」、「我說的那句話，也許讓他感到不舒服」，以這種方式和祖先對話。

最後，用「託祖先的福，今天又順利過了一天，謝謝」這番感謝的話，結束對話。

也可以只在睡覺前，進行一次這樣的儀式。

和祖先對話，可以讓紛亂的心平靜下來，心生感謝。

## 在祖先面前，可以呈現「自己真實的樣子」

在佛壇前拜祖先，就是在祖先面前呈現自己真實的樣子。

以前，每戶人家的家中都有佛壇，每天都會合掌拜祖先，但目前很多房子，都沒有空間放佛壇。其實，並不是只有在佛壇前才能夠拜祖先，也可以用祖先的照片，或是去寺院、神社請回來的護身符，放在家中最能夠心情平靜的位置，作為自己拜祖先的地方。

那裡將成為你調整心態的最佳場所。

蘋果的創辦人史蒂夫．賈伯斯是佛教徒，他並不是在佛壇前，而是在鏡子前調整自己的心態。他在鏡子前呈現真實的自己，和自己對話。對他來說，能夠看到自己的鏡子前，是調整心態的理想地方。

•••

請你合起雙手拜祖先，和祖先對話，卸下沉重的心靈盔甲，於是會感到身心都變得輕盈，心態也更加積極正向。

07

# 一旦陷入瓶頸，不妨暫時遠離。

喫茶去

在處理事情時，有時候即使絞盡腦汁，也想不出解決方案，陷入了瓶頸。因為滿腦子只想一件事時，腦袋容易陷入僵化。

這種時候，就需要先將腦袋放空歸零，重新調整。

出去散散步，接觸一下大自然。如果在公司內，可以去頂樓欣賞一下夕陽。當你暫時遠離問題，從上帝視角俯瞰問題，就能發現不同的見解，找到解決方案的線索，瞭解前進的方向。

有一個關於江戶時代，大阪圓通寺風外和尚[2]的故事。

圓通寺破舊不堪，完全沒有整理，但風外和尚毫不在意，照樣坐禪、畫畫。

有一名富商遇到了難以解決的重大煩惱，於是去向風外和尚討教。在富商向風外和尚說明情況時，風外和尚心不在焉，沒有看富商一眼，而是

2 風外本高，俗名東泰二，安永八年（一七七九）～弘化四年六月二十二日（一八四七年八月二日），江戶時代後期曹洞宗的僧侶。

看著一隻不小心飛進房間的馬蠅。馬蠅想要逃出去，但是撞到紙拉門後又掉了下來，然後又再次試圖逃走，又撞到紙拉門掉下來。

富商終於忍不住抱怨說：

「和尚，我在向你討教，請你聽我說話。」

風外和尚回答富商說：

「你看這隻馬蠅，這道紙拉門這麼殘破，牠明明可以從很多地方逃走，但牠一直撞向相同的位置。這樣下去，牠恐怕很快就沒命了，有很多人做的事，也和這隻馬蠅相同。」

富商聽了風外和尚的這句話恍然大悟，瞭解到必須改變角度看問題，也因此擺脫了困境。

## 「喝茶」可以切換心靈的開關

「喫茶去」是一句廣為人知的禪語。

「喫茶去」，就是「喝杯茶」的意思。中國唐朝的趙州禪師[3]面對任何客人，都會請客人先喝杯茶，於是就有了這句禪語。

當全心全意地專注在某件事，身心都容易陷入僵化狀態，不妨暫時遠離，專心喝杯茶——如此簡單的一件事，就可以切換心靈的開關。

「溫潤的香氣在嘴裡擴散，真好喝啊。」在品茶的時候，就會暫時拋開工作。

• • •

安排時間暫時遠離陷入瓶頸的狀態，把無法解決的事徹底拋在腦後——重新調整被難題困住的身心。

同時，當感性受到刺激，有助於成為激發創意的契機。

3 趙州從諗禪師（七七八～八九七），俗姓郝，唐代禪師，南泉普願門下，洪州宗傳人。

08

# 拖延會錯失重要的「緣分」。

無功德

至今為止，我曾經見過很多成功人士，有的人身為經營者，獲得巨大的成功，有人身為技術人員和藝術家，充分發揮了自己的專長。

這些成功人士待人都很謙虛誠懇。

俗話說，「稻穗越豐實，頭便垂得越低」。

真正的成功人士，會很自然地用謙虛的態度待人接物。

在和這些成功人士交談之後，發現大部分人都富有行動力，「立刻行動」絕對是成功的關鍵。

相反地，那些遲遲無法獲得成功的人，即使想要做什麼事，也總是「一拖再拖」，等於自己扼殺了機會的萌芽。

拖延會錯失「緣分」。

想要做某件事時，如果能夠視之為「緣分」，就會覺得「那就試著結緣看看」，於是就能夠立刻採取行動。

比方說，健走。雖然換衣服出門很麻煩，但只要覺得是「和健康結緣」，是否就有了踏出第一步的動力？

只要能夠踏出第一步，之後就可以輕鬆邁開步伐。

## 馬上行動的人不求回報，也不求功德

成為馬上行動的人，關鍵在於必須瀟灑地拋開「拖延心」。

有一句象徵這種瀟灑的禪語，就是「無功德」。

「無功德」就是「沒有功德」的意思。這句禪語來自在中國南北朝時代，梁武帝[4]和達摩大師[5]之間的故事。

梁武帝是虔誠的佛教徒，造寺度僧、布施設齋。

有一天，梁武帝問達摩大師：「朕的一生對佛教貢獻良多，有何功德？」

達摩大師只冷冷地回了他一句：

「無功德。」

這三個字的意思是，無論做了多麼偉大的事，都不可以求回報或是功德。

待人親切，或是照顧他人，都只要「做了就好」。

這種瀟灑的態度很重要。

• • •

無論結果是否能夠成功，都要瀟灑地拋開「拖延心」，立刻付諸行動——用這種方式做事，就會感到神清氣爽。

只要持之以恆，持續累積，前方就是美好的未來。

4 蕭衍（四六四～五四九），南蘭陵中都里人，南北朝時代南梁開國皇帝，廟號高祖。

5 菩提達摩（三八二～五三六），南天竺、波斯人，經海路將大乘佛教禪宗帶入中國，為中國禪宗之開創者，被尊稱為達摩祖師。

專欄 1

# 一笑千山青

## 一笑置之，內心就會晴空萬里

有一句話是這麼說的，「不是因為開心才笑，而是笑了就會開心」。

遭遇困難，或是深陷苦惱的人，或許笑不出來，但越是這樣，就更應該笑一笑。

當我們遭遇困難時，都會不自覺地低頭沮喪，但是，任何人在笑的時候都不可能彎腰駝背。

挺起胸膛，試著發出「哇哈哈」的聲音大笑，內心就會湧現正面的感情。

無論遭遇任何困難，
只要一笑置之，
眼前的世界就會變得開闊。

# 第2章

# 活在「當下」這一刻，才是最重要的事

09

# 「當下這個瞬間」，才是唯一真切的事。

深知今日事

說到「人的一生」，你認為一生是什麼？

說到一生，很容易覺得是從出生到死亡期間所有的一切。

我們生活在「過去↓現在↓未來」的時間長河中，所以會緬懷過去的榮耀，想像未來。相反地，也會為過去的失敗感到懊惱，對未來感到不安。但是，過去無法重來，也沒有任何人能夠預測未來。

如果不好好把握現在，就無法打造美好的過去和燦爛的未來。如果整天想著過去和未來，虛耗自己的人生，就會本末倒置。

有一句禪語叫做「前後際斷」，現在和過去（前際）和未來（後際）都斷絕，只有現在是無可撼動的存在。

「當下」這個瞬間持續累積，直到離開這個世界，建立起人的一生。

專心一致地活在「當下」這個瞬間，就可以打造充實的一生。

## 只有眼前的事才重要

有一句禪語叫做「深知今日事」。

這句話的意思是，「深入瞭解眼前的事物，在充分瞭解什麼是該做的事、必須做的事的基礎上再著手進行」。

這句話的關鍵，就在於「深入瞭解眼前的事物」。只有充分瞭解，才能夠竭盡全力。

我們經常會思考明天的事、一週後的事，或是一年之後的事。

「等我完成手上的工作，接下來要做那件事，那件事完成之後……」我們的心經常會飄到未來，如此一來，就無法專心做好目前必須完成的工作。

目前能夠做的，永遠都只有一件事。專注在眼前這件事上，全力以赴。

有一句話叫做「人經常執著於昨天，夢想著明天，卻忘了今天」。

如果一味執著於無法改變的過去，夢想著虛幻的未來，當然不可能好好把握現在。

•••

請思考一下「呼吸」這件事。在吐氣的瞬間，剛才吸氣的瞬間已經成為過去。人生就要像這樣，一刻也不停歇，全力以赴活在當下。

「用明天就會死去的態度活著，用永生不死的精神學習。」

這是被譽為「印度獨立之父」的甘地[6]所說的話。

這句話告訴我們，每個瞬間、每一刻是多麼重要。

6 Mohandas Gandhi（一八六九～一九四八），被尊稱為「聖雄甘地」、「印度國父」，印度民族主義運動和國大黨領袖，他帶領印度獨立，脫離英國殖民地統治。

10

# 如果陷入了「真的會成功嗎？」的不安。

即今 當處 自己

半個世紀前，千葉縣松戶市的市公所成立了「立刻處理課」這個部門。當時的松本清市長提出了這個構想，他就是藥妝店「松本清」的創始人。當時的松本市長認為，「市公所是為市民服務的人聚集的地方，因此需要一個能夠迅速處理市民需求的部門」。

不愧是讓「松本清」成為全國首屈一指連鎖藥妝店的企業家。

當我們想做一件事時都會陷入不安，不知道是否能夠成功，也會擔心萬一失敗怎麼辦。如果等消除不安之後才開始行動，最後往往會不了了之。因為如果不在心動的時候立刻採取行動，就會一延再延，遲遲無法行動。

這已經不是所謂的「三分鐘熱度」，而是還沒有開始行動就放棄的「零分鐘熱度」，當然不可能有任何進步和成長。即使日後後悔，「早知道應該當時採取行動」，也為時太晚，無法挽回了。

禪宗告訴我們，「禪即行動」。

這句話告訴我們，「不要東想西想，心動就要立刻行動，才是珍惜當下的生活方式」，這也是對想做的事產生不安時，消除不安的最佳方法。

「反正船到橋頭自然直」，抱著這種豁出去的想法，馬上採取行動。即使失敗了，也不會後悔。因為一定會有下一次的機會。最重要的是，人生最大的遺憾，就是悔不該當初沒有採取行動。

「禪即行動」的優點，在於能及時明確瞭解自己有能力做到的事，和自己無法做到的事。一旦發現自己無法做到，就可以具體思考如何修正，才能夠完成，有助於再度進行挑戰。

## 目前能夠做到的，只有一件事

有一句禪語叫「即今、當處、自己」。這句話的意思是，「在當下這個瞬間，在自己身處的地方，做力所能及的事」。

借用補習班名師林修老師[7]在補習班廣告中的廣告詞照樣造句——

「何時開始行動？就是現在！」

「要在哪裡做？就是這裡！」

「誰要做？就是自己！」

「即今、當處、自己」是禪的金科玉律。

未來無法確定，即使想到將來而感到不安、煩惱，也無法改變任何狀況，所以要「立刻」全力以赴地做眼前該做的事。

・・・

在工匠的世界，師父不會親自指點徒弟，向徒弟傳授技術，而是要求徒弟做某件事，徒弟就依樣畫葫蘆地模仿師父，邊做邊學。

不要東想西想，立刻採取行動——只要把「禪即行動」視為生活的基本，人生就會更豐富，更有趣。

7 一九六五～，日本補習班教師，於東進衛星預備校教授現代語言。二〇一三年，因為在該校廣告中的一句「何時開始做？就是現在吧！」（いつやるか？今でしょ！）而爆紅並踏入演藝圈。

# 11

# 如果因為「改變很可怕」而心生猶豫。

諸行無常

你喜歡「變化」，還是討厭「變化」？

人生就是持續不斷的變化。很多人雖然知道這件事，但是不太喜歡變化發生在自己身上，甚至很討厭。

尤其是目前的生活很充實，感到幸福的人，更不希望改變。

即使對生活有點不滿，但收入很穩定，也有休假，自己和家人都很健康，很希望這樣的生活可以持續下去，不要有任何改變。這種狀態下，是不是會擔心往壞的方向變化？

但是，「變化」有對自己而言負面的變化，也會有正向的變化。如果只注意到負面的變化，害怕變化，就會錯過正向的變化。

既然變化一定會出現，那就努力追求正向的變化，人生一定會更快樂。

有一句話說，「維持現狀就是退步的開始」。

雖然追求正向的變化，挑戰新的事物需要很大的動力，但如果拚了命只想維持現狀，就等於在原地踏步，無法成長。

## 明天不會和今天一樣

「祇園精舍鐘聲響，訴盡諸行皆無常。」

眾所周知，這是《平家物語》[8]的第一句話。

被釋迦世尊感化的富有長者所捐贈的祇園精舍內，有一個「無常堂」，當修行僧死期將近時，就會進入「無常堂」內，走完生命的最後一段路。臨終時，無常堂會敲響鐘聲，所有修行僧聽到這個鐘聲，就好像聽到了「這個世間的一切都在持續變化」的教導。

「諸行無常」是佛教的基本思想之一。

諸行無常教導我們，「這個世間包羅萬象的一切，隨時都在變化，所以不要受到事物變化的影響」。

即使想要維持二十歲的外表、體力和健康，也不可能做到。每個人都時時刻刻變化，即使覺得昨天和今天一樣，但其實今天比昨天更靠近「死亡」的終點。

討厭變化，想要對抗無常，就會陷入痛苦。因為無論再怎麼努力，都不可能打敗無常。

想要對抗無常，做困獸之鬥根本是白費力氣，不如隨遇而安，更能夠輕鬆生活。不要試圖抵抗變化，更能夠悠然過日子。

不妨向花學習。昨天之前還只是花苞的花開始綻放，隔天早晨，就完全綻放，幾天後又凋零……從花的一生，可以感受到生命的律動。

•••

面對正向的變化，就順應變化；遇到負面的變化，不妨認為「之後會好起來」，用積極的態度生活。這種靈活的心態，是創造更美好人生的關鍵。

8 成書於十三世紀（日本鎌倉時代）的軍記物語，作者不詳。

12

# 內心的混亂反映在腳下。

腳下照顧

「整理高手也是工作高手」、「擅長整理的人也擅長計畫」。

看到辦公桌整理得很乾淨的人，就會覺得那個人工作很有效率。家裡整理得有條不紊的人，似乎生活更健康。

但是，很多人都不擅長整理，所以市面上很多關於整理的書籍和雜誌都很暢銷。

我在曹洞宗總本山總持寺[9]當修行僧的時代，領悟了整理這件事的精髓。清潔打掃是禪修行的基本，打掃是最重要的修行，所以每天都要把寺院內外掃乾淨，用抹布把堂內擦乾淨。

在總本山時，很多修行僧都一起生活，所以養成了掃帚、抹布和水桶等每一件打掃工具在使用完畢後，就放回固定位置的習慣，方便其他人使用。把打掃工具放回原位之前，還要把掃帚上的樹葉拿下來，把抹布洗乾淨。

當時，我體會到一件事，「收拾整理是為下一次作準備」。

9 位於日本神奈川縣橫濱市鶴見區的曹洞宗大本山寺院。

「整理」這件事總讓人提不起勁，但如果轉念思考，認為是在為下一次作準備，就不會討厭打掃整理這件事。

## 「把鞋子放好」所包含的意義

「鞋子不正心亦偏。」

這是永平寺[10]的住持宮崎奕保禪師經常說的話。

這句話的意思時，脫下來的鞋子亂丟，代表心緒紛亂。

禪寺的玄關，經常會有一塊寫著「腳下照顧」這句禪語的牌子。

這句禪語提醒進入禪寺的人，「脫下的鞋子要擺好」，但其實這句話也包含了「調整好心態」的意思，提醒人們「入內之前，擺好鞋子，調整好心態」。

心神不定、手忙腳亂時，經常會忘了擺好鞋子。因此，無法把鞋子擺好的人，代表心態也沒有調整好。心緒紛亂時，就容易丟三落四，犯一些低級錯誤。

擺好鞋子只需要幾秒鐘的時間。即使手忙腳亂，也一定要把鞋子或拖鞋放好——這個簡單的動作，就可以調整心態，同時也為下一步做好準備。

「腳下照顧」這句禪語，也包括了「確實做好當前的每一件事」的意思，確實做好自己力所能及的事，日積月累，就可以漸漸接近目標。

・・・

整理辦公桌，整理廚房，都是在為下一步作準備。

為隨時能夠踏出下一步作準備。一旦養成這樣的習慣，生活就很輕鬆愉快。

10 位在日本福井縣吉田郡永平寺町的寺院，曹洞宗大本山。

13

# 克服「無法專心」的啟示。

生於一息

「我缺乏專注力，很容易分心。」

「有沒有讓專注力可以持續的方法？」

曾經有人問我這類問題，希望知道如何用禪法提升專注力。問這些問題的通常都是二十多歲、三十多歲的年輕人。

「明天會議的摘要還沒有寫」、「等一下要記得打電話給某某先生」、「今天午餐要吃什麼呢？」

這些年輕人無法專心投入眼前的工作，一直被各種雜念干擾。

有時候也可能是因為其他同事請他們幫忙做很多事，或是電話、電子郵件不斷，越是著急地覺得「必須專心處理眼前的工作」，卻怎麼也做不完。

要求自己「必須專心」，卻遲遲無法靜下心時，我通常建議做一件事，那就是「持續深呼吸」。

端正坐姿，將意識集中在丹田，慢慢深呼吸幾次。丹田位在肚臍下方兩寸五分（約七點五公分）腹部中心的位置，雖然沒有具體的形狀，但是禪認為丹田是極其重要的位置。將意識集中在丹田的腹式呼吸稱為「丹田呼吸」。

丹田呼吸可以調整大腦，為專心做事作好準備。

## 避免「一心二用」

有一句禪語叫做「生於一息」。

這句禪語的意思是，「人生中，只有吸氣、吐氣，這個呼吸（一息）的瞬間才是真切，要全力以赴，活在當下這個瞬間」。

上一次呼吸和下一次呼吸，都不是「這一次」的呼吸，所以，眼前這個瞬間的呼吸是一切，全力以赴活在當下。

丹田呼吸後再開始工作，就會發現自己變專心了。

想要做到「生於一息」，就必須避免「一心二用」。

邊吃飯邊看報紙，邊聽音樂邊工作，邊看電視邊滑手機——

專心做某一件事時，當然無法「一心二用」。一心二用，做事就無法徹底，甚至會半途而廢。工作的時候就好好工作，玩樂的時候就拋開工作，徹底開心玩，這才是全力以赴活在當下。

• • •

想要專心投入工作，首先要端正姿勢，在最初的三至五分鐘練習丹田呼吸，然後全力以赴投入眼前的工作。

14

# 人生路上，不時停下腳步很重要。

七走一坐

昭和時代常見的那種拚命三郎已經變成了化石，現在幾乎已經找不到那種認為「工作＝人生」的人。

但是，仍然有不少人為了達到自己的目標，在人生路上奮力奔跑。成功人士在分享經驗時，都會說「至今為止的人生前半場，我不顧一切地持續奔跑，從來沒有停下腳步」、「想要在競爭的社會中獲勝，就根本沒有時間休息」。

能夠全力奔跑的人很厲害，但是，並不是每個人都能夠做到。大部分人會在人生路上跑得上氣不接下氣，或是不得不停下腳步，甚至筋疲力盡，癱倒在地上。

## 不需要持續奔跑

我認為，比起像拚命三郎般持續奔跑，不時停下腳步檢視自己更重要。「七走一坐」這句禪語，告訴了我們休息的重要性。

這句話的意思是，「跑了七次之後，就坐下來休息一下」。

毫不停歇地一路奔跑，就會忘記自己的姿勢。所謂姿勢，就是自己的生活方式，和前進的方向。

走樓梯時，都會在平台的位置稍微休息一下。不時停下腳步，重新檢視自己，對未來的人生也很重要。

即使被不顧一切向前衝的人超越，也不必為此緊張焦慮。因為越焦慮，越容易迷失自己。

努力到某種程度後，暫時停下腳步，反而是到達目的地的捷徑。

有一個關於中國禪僧的故事。

這位禪僧在一天結束，上床睡覺之前，都會為自己舉辦葬禮。因為今天結束了，自己今天的生命也到此結束。隔天早晨，又成為新的生命展開一天的生活。

中國古代有一句話，叫做「一日一止」。

意思就是「每天都要停下腳步反省自我」。「一」加「止」就可以成為「正」字，代表「每天一次停下腳步，就可以持續走在正道上」。

• • •

每天一次停下腳步，回顧一天所發生的事，像是「今天的報告寫得不錯」、「我對他似乎不夠體貼，下次要改正」等等。

「今天就到此結束」。為一天做完總結後上床睡覺，一定可以睡得安穩，消除一天的疲勞，養精蓄銳，充滿活力地迎接明天。只要努力做好這件事，就不會拖拖拉拉過日子。

15

# 面對極度痛苦、悲傷的事。

發生災難時
是災難發生的
最佳時刻

人生過程中，會遭遇好幾次苦難。

二〇一一年的東日本大地震，以及二〇二〇年爆發的新冠疫情，就是最典型的例子。

每個人都知道，「人生路上有起有伏」。

但是，在現實生活中遭遇苦難時，沒有人能夠泰然自若、處變不驚，難免感到心灰意冷，深受打擊，對人生感到絕望。

這種時候，到底該如何接受？

禪教導我們，遇到這種情況時，可以讓自己「變成竹子」。

即使強風吹拂，樹木仍然屹立不搖，但是，當遭遇颱風或是突然的狂風時，就會被吹斷。風一吹，竹子就會被風吹得左搖右擺，乍看之下，竹子似乎很軟弱，但是即使遇到颱風，也能夠巧妙化解，不會被吹斷，而且竹子很強韌，可以把沉重的積雪彈開。

我們要培養像竹子般的靈活彈性和強韌，面對苦難這種「人生中的颱風和大雪」。

## 如何面對不合常理的事

「發生災難時，是災難發生的最佳時刻。
死亡的時候，便是死亡的最佳時刻。
這是逃避災難的妙法。」

這句話的意思是，「遭遇災難時，不要試圖逃避，而是接受災難。當死亡來臨時，就做好死亡的準備。這是逃避災難的理想方法」。

在造成超過三千人傷亡的新潟大地震（文政十一年／一八二八年）發生時，良寬禪師[11]寫了這封慰問信，慰問在震災中失去孩子的朋友。

良寬禪師一輩子都沒有自己的寺院，每日托缽化緣為生，受到大人和小孩的喜愛。良寬禪師的這段話，就是希望友人「接受遭遇的苦難」。這番話對整天以淚洗面的朋友的確很嚴厲，但是良寬禪師具備了身為禪僧的心態。

良寬禪師想要告訴他的朋友，無論我們竭盡全力，也無法避免某些苦難。如果不敢面對這些苦難，就會一蹶不振，也會倍感挫折。與其如此，那就接受這些苦難，努力活在「當下」。

• • •

每個人一無所有地來到這個世界，雖然一無所有，但每個人都充滿了無限的可能。

即使遭遇苦難，感到消沉沮喪，心灰意冷，其實並沒有比一無所有地來到這個世界時更糟，一定存在「轉換的力量」，未來的人生充滿無限的可能性。

只要瞭解這件事，一定可以找到重新站起來的契機。

11 一七五八～一八三一，江戶時代的禪門曹洞宗僧人，也是一位雲遊僧人，憑藉詩歌、書法著稱。

# 16

# 懂得感謝「理所當然」，就不會心煩意亂。

應該存在的東西
在應該出現的地方
以應有的方式存在

車站的電扶梯前，掛了一塊牌子。「電扶梯故障，請走樓梯」。

「咕！真倒楣。」

每天理所當然搭乘的電扶梯，卻偏偏在那一天、那個時間無法使用，讓人感到失望不已。遇到這種情況，很多人都會咂嘴。

洗澡時想要洗頭髮，卻發現洗髮精的瓶子空了——

平時只要用完，媽媽就會換上新的洗髮精，偏偏那天忘了，真讓人失望。

「洗髮精用完了，為什麼沒換新的？」有人甚至可能會對媽媽發脾氣。

人往往對理所當然的事覺得太理所當然，因而忘了感恩的心。

不妨深入討論一下「理所當然」這件事。

我們每天早上都會醒來，迎接日復一日的一天。你是否因此產生了錯覺，認為這是理所當然？

任何人在晚上睡覺時，都無法保證隔天早晨會醒來。沒有人能夠預料未來的事。

早晨醒來之後，要感謝自己還活著——用這種心態開始一天的生活，每天都會很新鮮。

## 「理所當然」是感恩的心

「應該存在的東西，在應該出現的地方，以應有的方式存在。」

這是宮崎奕保禪師（一九〇一年～二〇〇八年）所說的話。

宮崎禪師在曹洞宗總本山的永平寺擔任住持多年，在一百零六歲壽終正寢之前，一輩子都在帶領修行僧坐禪。

春暖就會花開、蟲鳴，遵循自然法則生活，就是參悟，這就是理所當然的狀態。

在重新審視「理所當然」時，就會發現這件事。

我們能夠理所當然地每天吃到食物，是因為有人生產，有人負責運輸，夠生長。

也有人為我們下廚做料理。進一步而言，是因為有陽光和水，農作物才能

領薪水。

因為有提供工作環境的公司，因為有周圍人的協助，我們才能夠工作、

恩的心。

實並不是一件簡單的事，而是值得感恩的事。體會到這件事，這就是感

「應該存在的東西，在應該出現的地方，以應有的方式存在」，其

• • •

珍惜「理所當然」，自己的行為也會發生改變。

用正確的方式，在正確的地方做正確的事——持續這種理所當然的行為，就是認真過好每一天。

# 17

# 能夠平平淡淡過每一天，是一件了不起的事。

父死　子死　孫死

佛教認為，我們所有的生命不是靠自己「活著」，而是靠周圍的人，才有辦法「活下去」。

生命無法單獨存在，是因為眾多的因緣才能誕生，必須仰賴世界上所有的一切，才能夠存在。

自己的生命並不是只屬於自己，而是和世上的萬物共體共生。

通常只有生病的時候，才會感受到自己是仰賴他人才能生存。身體失去自由，只能躺在床上等待康復的期間，正是「仰賴他人生存」的狀態，能夠充分體會到健康的得來不易。

雖然身體是我們的，但我們只能自由活動一小部分的身體，除了心臟等五臟六腑以外，大腦、在體內循環的血液都不聽我們的使喚，而是和我們的自我意志無關，默默在我們體內發揮作用，孕育我們的生命。

所以，在日常生活中，就必須感謝我們賴以生存的一切，避免不良的生活習慣，殘害我們的身體。

## 「黑髮人送白髮人」的幸福

有這樣一個故事。

以機智靈巧出名的一休和尚[12]遇到一名信徒，對方拜託他：「我家的孫子出生了，請你為我在掛軸上寫幾句祝福的話。」

一休和尚欣然答應，立刻揮筆疾書。

「父死，子死，孫死。」

信徒看了他寫的內容，大吃一驚，忍不住抗議說：「全都是死，太不吉利了，這哪是祝福的話？」

一休和尚回答說：

「那要不要重寫？這次改成『孫死，子死，父死』。對任何家庭來說，黑髮人送白髮人才是最幸福的事、值得感恩的事，反過來不是很痛苦嗎？」

信徒恍然大悟說：「太有道理了。」於是就喜孜孜地帶著掛軸回家了。

也有人說，這是江戶時代博多的禪僧仙厓和尚[13]的故事，雖然無法確定到底是誰的故事，但是都可以從中瞭解到，「黑髮人送白髮人」是多麼值得感恩。日常生活中，必須隨時帶著「越是理所當然的事，越值得心存感恩」的意識。

• • •

平平淡淡地過每一天——雖然乍看之下，會覺得太平凡、太無聊，但也許這是一件很了不起的事。

「感謝今天。」合起雙手，感謝賴以生存的一切後才上床睡覺，或許有助於讓人生變得更加豐富。

12 一休宗純，一三九四～一四八一，日本後小松天皇私生子，幼年出家，室町時代禪宗臨濟宗的著名奇僧，也是著名的詩人、書法家和畫家。

13 仙厓義梵，一七五〇～一八三七，日本江戶時代的畫家與書法家，十一歲時成為臨濟禪的僧人。

專欄

2

# 巖谷栽松

## 竭盡全力，默默做好目前力所能及的事

在險峻的山谷上種植松樹，即使無法看到松樹的成長，種植松樹這件事仍然很有意義。

因為松樹生長的速度很慢，所以必須很久之後，才能夠看到松樹長大的樣子。也許松樹無法適應嚴峻的環境，很快就枯萎了。但是，這句禪語告訴我們，即使如此，仍然要種下松樹。

竭盡全力做好目前力所能及的事，相信成長和成功，持續努力的行為最可貴。保持這種人生態度，日積月累，就是「禪的生活方式」。

# 第3章

# 不再被他人「綁架」

18

# 不必過度聽取別人的意見，也不必在意別人說的話。

迴光返照

「需要兩千萬圓，才能夠支應退休後的生活！」

幾年前，金融廳發表了這份報告，引起了廣泛的討論。因為這件事關係到我們國民退休後的生活，所以大家都很擔心，是不是政府的年金出現了資金缺口?!因為當時擔任金融大臣[14]的一句「我不接受這份報告」，引發了大量批評和攻擊。這件事令人記憶猶新。

那份報告是以高齡者的平均生活費作為計算的基礎，所以存款金額不到兩千萬的中高齡者頓時陷入了恐慌。

但是，仔細思考後就會發現，這只是「平均」的情況。並不是每個人都需要兩千萬圓才能安享晚年。有人符合這種情況，但是也有很多人並不屬於這種情況。「平均」無法讓任何人感到安心。

退休後生活費只是其中一例而已，我們太在意「平均」或是「一般」的問題。

14 即「財政部長」。

目前身處資訊化社會，資訊的傳播速度越來越快，也越來越難以控制。我們很容易受到這些資訊的影響，對「平均」或是「一般」的字眼特別敏感，被動接收了以前不知道也完全沒有問題的資訊。

於是難免會產生錯誤的認知，認為別人在做的事，自己當然也要做。必須保持「我是我，別人是別人」的態度，不必太認真對待這種資訊，這些事只要瞭解就好，聽聽就好。

## 和自己的內心對話

有一句禪語叫「迴光返照」。「不要一味關注外界，而是關注自己的內心，時常返照內心。」這是中國臨濟宗的祖師臨濟禪師[15]說的話。

自己想要擁有什麼樣的生活方式？自己想做什麼？為此，現在該做什麼？只要經常自問自答，就不會受到「平均」或是「一般」這類外界資訊的影響。

我的工作是庭園設計，在即將建造完成最後階段，我都會獨自在工地現場面對庭園，和自己的內心對話。藉由禪修，不設限地充分表達累積在內心的東西，這就是「禪風庭園」，也是「迴光返照」的最佳範例。

・・・

這個世界上，根本沒有所謂平均的生活方式。

退休之後，每個人的生活各不相同。並不是每個人都會入住收費養老院，有的人一直住在家裡，在家人的陪伴下走完人生最後一段路。也有人持續享受獨居生活，走完自己的一生。無論任何問題，都不要被統計資料騙了。

「退休生活需要兩千萬圓？是喔，是喔，我知道了。」

對這類資訊聽聽就好，繼續走自己的路，這樣的人生更快樂。

15 臨濟義玄（?～約八六六），唐代禪宗高僧，名義玄，為臨濟宗的開宗祖師。

19

# 「常識」會隨時代改變，但「道理」永世不變。

無須在意他人
只要無愧於上蒼

隨著地球暖化，世界各地都頻頻發生各種異常氣象。日本每年都因為酷熱天氣和颱風，造成了很大的災害。

有時候會連續多日，出現以前從來不曾有過的高溫天氣，很多人因中暑昏倒送急診。

颱風也變得很大型，行進速度緩慢，持續的天數也很長，而且一進入夏季就開始出現颱風。我覺得現在「颱風」這兩個字，已經不再只屬於秋季了。

世界各地的氣象已經脫離了以前的「常識」，所幸目前的天氣預報也很發達，所以不要再拘泥於常識，而是要提前採取因應措施。

每個人的生活方式，也不要被常識「綁架」，必須活出自我。

比方說，大家一起聊天時，坦率地承認「我不知道這件事」時，其他人說：「怎麼可能？這是常識啊。」可能會覺得自己缺乏常識而感到不安。

但其實這跟有沒有常識無關，只是瞭不瞭解新話題而已，完全不需要為此感到不安。

字典對「常識」這兩個字的解釋是「社會上認為理所當然的行為和事物，也可以稱之為社會共識」。

我認為不應該把「常識」視為「道理」。道理是指「事物應有的秩序或邏輯，以及每個人應該遵循的正確行為準則」。

並非所有的常識都正確，但即使時代變遷，道理也不會改變，永遠都正確。

## 人在做，天在看

「無須在意他人，只要無愧於上蒼。」

這是西鄉南洲翁（西鄉隆盛）[16]的名言。

我認為「上蒼」就是指世間的道理和真理。

南洲翁教導我們，「瞭解常識，但是不要被常識綁架，而是要遵循道理生活」。

這也符合禪宗的教義。

禪的世界認為「常識」並不存在，因為任何事都沒有正確答案，所以，「比起常識，更應該遵循『不傷害他人，不做虧心事』的道理生活」。

• • •

不需要因為他人的意見陷入混亂，驚慌失措。不妨捫心自問，自己目前是否真的需要，目前真正該做的事是什麼，然後作出判斷。

俗話說，「人在做，天在看」、「一切交給天命」。從南洲翁的名言中，也可以體會到「相信超越自身的力量，並以其為準則，調整自己的生活」的意思。

16 一八二八～一八七七，日本江戶時代末期（幕末）的薩摩藩武士、軍人、政治家。

# 20

# 相信自己的感性，隨心所欲享受人生。

木雞啼子夜

前面已經談到，常識未必正確，在此將進一步深入思考，自由自在地相信自己的感性，並且付諸行動。

說到「自由自在」，良寬禪師當然是最佳典範。

他在遠離人群的草庵過著簡樸的生活，一旦食物吃完，他就下山四處托缽化緣，和山下的小孩子一起快樂地玩耍。

良寬禪師對這種生活方式感到無上的喜悅，稱之為「優遊復優遊」。

「優遊」就是「帶著悠然的心樂在其中」。

他的確帶著悠然的心，樂在草庵的清貧生活，也會和造訪的朋友一起喝般若湯（酒）。

據說良寬禪師只用一個研磨碗生活。那個碗既是喝味噌湯、吃飯的飯碗，也是洗米、研磨芝麻的烹飪工具，也是洗臉、洗手、洗腳的臉盆，更是外出托缽化緣時的缽盂。據說他在喝酒之後，直接用那個研磨碗吃飯，吃完飯之後，再用來喝味噌湯……

從良寬禪師的生活狀態，可以略窺他「突破常識的境界」。

## 獲得真正的「自由」

有一句禪語叫做「木雞啼子夜」。

這句禪語和「芻狗吠天明」成為一組，意思是「木雕的雞，會在午夜時分啼叫；稻草紮的狗，會在黎明時分吠叫」。

木雕的雞當然不可能啼叫，稻草紮的狗也當然不可能吠叫。而且，雞是在黎明時分啼叫，狗都會在深夜時吠叫，所以完全顛倒了，根本一片混亂。

這句禪語告訴我們，不要被世間的常識和社會的基準束縛，生活必須自由發揮創意。

• • •

針對「自由自在地相信自己的感性，並付諸行動」這一點，我的庭園設計和良寬禪師具有共同點。

我在設計庭園時，首先會排除自己所有的想法，也就是完全排除想要設計出這樣的庭園，希望在這裡放一塊什麼樣的石頭等自己的想法，在「無我」的狀態下，傾聽土地的聲音。

我把傾聽土地的聲音稱為「傾聽地心」。首先會去現場，讓自己進入無我的狀態，傾聽地心、木心和石心，於是「符合自己禪修心得的空間」就會浮現。

相信自己的感性採取行動後，可以感受到前所未有的自由，發現真正的自己。這或許就是「優遊」的境界。

# 21

持續挑戰，
無論工作和人際關係
都會越來越順。

無一物中無盡藏

如果有人委託一個從來沒有做過的工作，你會接受那個工作嗎？雖然必須視內容而定，但是你會覺得「好，那就試試看」，還是因為不想失敗，所以選擇逃避？

我猜想很多人下不了決心，最後決定逃避。尤其現在的年輕人，更有這種傾向。

挑戰從來不曾做過的事，當然會充滿不安。想到萬一失敗，造成無可挽回的後果，可能會造成案主的困擾，就遲遲下不了決心。

即使如此，仍然要選擇克服畏懼，努力挑戰的生活方式。

我從事的庭園設計工作，內容都是「設計庭園」，但是不可能設計完全相同的庭園。因為空間、建築物、石頭、光……所有的條件都不一樣，所以當然不可能設計出一模一樣的庭園。

案主都是看了我之前設計的案子後上門委託，我當然會詢問案主的希望和想法，但是幾乎所有案主都相信我，交由我全權處理。

如果因為對方信任我，就按照以前的方式設計交差，那就是原地踏步。雖然案主會感到滿意，但是我自己完全沒有成長。

每一次的工作，我都希望能夠讓客戶覺得「原來還有這種巧思！幸好委託了枡野設計！」

但是，並不需要用嶄新的概念改變所有的一切，而是以自己擅長的庭園設計為基礎，結合少許之前從來不曾試過的巧思。持續進行小規模的新挑戰，就能夠在避免重大失敗的情況下，逐漸建立「自己的風格」。

## 下定決心，全力以赴，放手去做

有一句禪語叫「無一物中無盡藏」。

每個人來到這個世界都是一無所有。這是人類本來的樣子。

雖然我們在人生過程中，得到了各式各樣的東西，但是本來無一物。

這句禪語的意思是，「即使失去了自己辛苦建立的社會地位和工作，也只是回到出生時的樣子，只要重新努力就好，所以不需要因為不想失去自己所擁有的東西，因為執著而陷入痛苦」。

一旦掌握了勇於挑戰的生活方式，無論工作和人際關係都會朝向良好的方向發展。我稱之為「滾雪球式變化」。

• • •

第一步就不能逃避。

即使是從來沒有做過的工作，但是對方認為你能夠勝任，所以才會委託你。

即使對自己而言很困難，也要下定決心，全力以赴，放手去做。一旦完成時，將倍感喜悅和充實感。

22

# 培養不輸給自己的「堅強」。

八風吹不動

身在職場，在工作上一定會被要求做出成果。目前的時代以「成果主義」為主流，所以大家當然很重視成果，也難免會因此產生競爭。

但是，不可以因為太在意和同事之間的較勁比輸贏，進而變成「扯後腿」，或是「不擇手段」。這樣不僅會影響人際關係，更可能危及公司的成長。

如果在意勝負，不妨「和自己比輸贏」。

如果周圍沒有人要求，人很容易越來越貪圖輕鬆。這是人性。必須為自己加油打氣，消除怠惰心，往極限的方向努力。

日常生活也一樣。「天氣好冷，好討厭」、「不想起床」、「等一下再做就好」，像這樣躲在被子裡，或是躺在沙發上耍廢，就等於輸給了自己。

「好，我要起床！」、「好，我要開始行動！」不妨立刻「起而行」。只要踏出這一步，就可以成為自己的力量。

## 控制動搖不安的心

有一句禪語可以讓內心的動搖平靜下來。

「八風吹不動」。

禪認為有八種風會影響人心。八種風中，有四種是「順風」，四種是「逆風」。

四種順風如下：

「利」＝成功　「譽」＝獲得稱讚

「稱」＝稱道　「樂」＝歡愉

四種逆風如下：

「衰」＝衰退　「毀」＝毀謗

「譏」＝中傷　「苦」＝痛苦

吹順風時，就感到飄飄然，覺得自己無所不能。

相反地，吹起逆風時，就會感到不安和憤怒，因而失去了冷靜。

所以這句禪語告訴我們，「無論吹什麼風，都要處變不驚，保持平常心過日子」。

這句禪語並不是要求我們「不為所動」。因為人終究是凡人，八風吹起時，內心或多或少會產生動搖，「不為所動」只是理想狀態。

但是，藉由坐禪等日常的修行，努力讓心情保持平靜，就可以減少動搖的幅度，更容易讓動搖的心恢復平常心。

•••

一般民眾沒有進行禪修，當生活中吹起八風時，不妨先稍微遠離目前的狀況，在保持一點距離的位置冷靜地觀察自己，就可以減少受到風向的影響。

這是邁向「戰勝自己的生活方式」的第一步。

# 23

# 「沉默」和「頓」才是超越言語的溝通術。

不立文字
教外別傳

看電視的美食節目時，每次看到記者把料理送進嘴裡的同時，就叫著「太好吃了！」我便忍不住納悶，「真的是這樣嗎？」

照理說，應該在品嘗料理後，「沉默」片刻，再表達感想。

在座談會或是對談節目談話時，也經常看到雙方口若懸河，你一言，我一語。在對方發表完意見之後，稍微「停頓」一下再接話，就可以瞭解對方的感情，也更能夠表達出自己真實的想法。

人越想要傳達自己的想法，越希望對方理解自己，越容易滔滔不絕。比方說，業務員推銷業務，或是道歉時的辯解等等，都可以看到這種情況。

道歉時，只說一句「對不起」，然後就閉上嘴，深深鞠躬，比「如此這般」地說一大堆理由，對方更能夠感受到道歉的誠意。

禪宗教導我們，「沉默」和「頓」才是超越言語的溝通之道。

## 有些事，無法靠語言和文字傳達

有一句禪語叫「不立文字，教外別傳」。

這句禪語的意思是，「釋迦牟尼佛的教誨無法用語言和文字表達，必須由師父傳給弟子，以心傳心」。

真理是藉由心和心的相應這種方式傳達，所以誕生了「以心傳心」這四個字。

「不立文字，教外別傳」並不是輕視語言，禪宗非常重視文字和語言，但是有些事物無法靠文字傳遞。這就是「沉默」和「頓」。

比方說，吃了美味的料理。想要向主廚傳達內心的感動時，即使用盡了所有能夠想到的詞彙，也往往無法完全表達在享受美食時內心的感動。

•••

在日本的室町時代，能樂[17]、茶道、水墨畫和庭園等結合禪的教義的禪藝術很盛行。

像能樂這種動態的藝術，無法光靠動作充分傳達禪的所有教義，所以就努力藉由動作和動作之間的「沉默」傳達真意。像水墨畫或是庭園這種有形的事物，「空白」處就充滿了禪的精神。

在禪藝術以外，「頓」也很重要。比方說，在文章的「字裡行間」，充滿了作者沒有直接訴諸文字的想法。

「沉默」和「頓」具有優秀的表達能力，是重要的溝通術。

17 日本獨有的一種舞台藝術，為佩戴面具演出的一種古典歌舞劇，從鎌倉時代後期到室町時代初期之間創作完成。

24

模仿後牢記在心，
這種學習過程
能夠培養真本領。

薰習

在師徒關係中，「沉默」這種溝通方式很重要。日本傳統技術的傳承，師父幾乎都不會教徒弟技術。「技術必須偷學」這句話很有道理。真正想要學某項技術，最好的方法就是一直跟在師父身旁偷學。

齊藤勝雄[18]大師是我庭園設計的師父，他曾經設計了很多日本庭園，也留下了很多關於庭園設計的著作。

我在齊藤老師七十八歲時成為他的弟子。雖然他已經高齡，但是仍然親自去現場奔走，而且也精力充沛地投入相關書籍的寫作，我也曾經在老師寫作時，協助老師整理資料。

齊藤老師幾乎很少用口授的方式指導我技術方面的事，只有我們師徒兩人時，幾乎都是沉默的時間。我相信齊藤老師是用實際的行動告訴我，如果真正想要掌握精髓，就跟著學，從模仿中學習。

18 一八九三～一九八七，日本的造園家，一九六九年榮獲「日本造園學會賞」。

據說日文中的「學習」這兩個字來自「模仿」。也就是說，模仿有助於學習。

## 追隨一流人士

有一句禪語叫「薰習」。

日本有「衣服換季」的習俗。在季節改變之際，更換放夏天的衣服和冬天衣服的地方。以前的人在衣服換季時，會放入薰香，發揮防蟲的效果。當季節變化，再次把衣服拿出來時，薰香宜人的香氣就會留在衣服上。

在師父或是自己崇拜的人身旁持續模仿，逐漸學會對方的技術和習慣，就稱為「薰習」。

我跟著師父，耳濡目染了很多事。持續協助師父修改設計圖，瞭解到師父庭園設計的真正意圖。並非只有技術而已，我也學習了師父的待人處事，在近距離觀察後，瞭解到該如何和案主打交道，在各個不同的階段如何說明，才能夠讓案主充分理解。

• • •

想要學習、掌握某項技術時，一定要拜一流的人為師。除了工作方面必須有成就，言談舉止、思考方式、對事物的見解，以及生活方式等所有方面，也都必須是一流的水準。無論技術再怎麼優秀，如果身為一個人的品性低劣，最好敬而遠之。

「薰習」會讓自己在不知不覺中，身心受到對方的影響。如同結婚多年的夫妻，行為舉止會越來越像，好朋友說話的方式和服裝打扮也會越來越像。

反過來說，「和品性欠佳的人相處，自己也會在不知不覺中，受到不良環境的影響」，必須特別注意這個問題。

25

# 語言具有力量，所以必須重視語言。

愛語

語言充滿力量。

比方說，大家都憑自身的經驗知道，想要激發對方的幹勁，正向的語言絕對比負面的語言更有效。

語言可以為人帶來勇氣，也可以拯救他人。相反地，也會傷害他人，造成他人的不安。

語言是雙刃劍——

語言可以發揮很大的作用，但也隱藏著可能對自己、對他人造成極大傷害的危險性。

所以，開口說話之前，必須謹慎思考。

「早安，今天這身西裝，讓你看起來很瘦。」

像這樣，如果想到什麼就直接說出來，很可能會傷害對方。

不妨在開口之前緩一下，為對方著想，體貼對方，用富有同理心的方式表達。

「早安。哇，你今天真有型，藏青色很適合你。」

## 謹慎思考後再開口

禪宗教導我們「使用愛語」。

「愛語」就是關心對方，慈愛對方所說的話。日本曹洞宗的祖師道元禪師[19]在他的主要著作《正法眼藏》中提到，「必須瞭解到，愛語發自愛心，愛心以慈心為種子，愛語具有迴天之力」。

這句話的意思是，因為愛對方，因為有慈愛的心而說的話，具有可以翻天覆地的巨大力量。「和顏愛語」這四個字，就是面帶柔和的笑容說愛語，提醒人們要「帶著平靜的微笑，用慈愛的心和對方說話」。

笑容會讓人心情開朗，慈愛的話語可以化解人和人之間的隔閡，改善人際關係。

• • •

昭和年代的大平正芳首相[20]，在國會答辯等場合開口說話時，都會先發出「啊」、「嗯」的聲音，所以就有了「啊嗯宰相」的綽號。但是，大平首相說話的內容向來條理清晰，也富有啟發意義。

據說大平首相是因為在思考自己的發言對整個日本……不，是對全世界的人產生什麼樣的影響後才開口表達意見，所以才會發出「啊」、「嗯」的前置詞，這就是為了說愛語而謹慎思考該說什麼話，也因此在歷任首相中，大平首相很少失言。

想要開口說話之前，不妨先吸一口氣想一下。禪稱之為「在內心充分體會後再思考」。

「緩一下，緩一下，緩一下」、「愛語，愛語，愛語」——像這樣重複三次咒語，心情就會平靜下來，就會說出慈愛的話。

19 一二〇〇～一二五三，日本鎌倉時代著名禪師，將曹洞宗禪法引進日本，為日本曹洞宗始祖。
20 一九一〇～一九八〇，日本第六十八、六十九任內閣總理大臣。

26

無論工作還是其他的事，
一旦視為「自己的事」，
就變得很有趣。

隨處作主
立處皆真

你覺得工作愉快嗎？

恐怕很少人能夠面帶笑容地回答：「對，我的工作很愉快！」

但是，如果覺得自己的工作是根本不值得做的爛工作、麻煩的工作、辛苦的工作，內心帶著「好無聊」、「好麻煩」、「好辛苦」種種的不滿投入目前的工作，那就一定不可能在工作上有出色的表現，而且心態也會變得越來越消極。

唯有樂在工作，才能在工作上有出色表現，這是不可撼動的鐵律。所以，你是否可以稍微改變一下對工作的態度呢？

改變的關鍵，就是把「自己和工作」轉變為「自己的工作」，把「和」變成「的」。

「自己和工作」，自己和工作是對立的關係，但是「自己的工作」，自己和工作就是一體。

一旦成為自己的工作，就不能說工作無聊、麻煩，只要認真投入工作，一定可以找到其中的樂趣。

人際關係也一樣。把「自己和上司」、「自己和朋友」、「自己和情人」變成「自己的上司」、「自己的朋友」、「自己的情人」，成為一體的關係，就可以減少對對方的反感，也可以減少摩擦。

## 讓工作帶有自己的特色，成為「自己的工作」

有一句禪語叫「隨處作主，立處皆真」。

這是前面所提到的中國臨濟宗的祖師臨濟禪師說的話。

這句話的意思是，「無論身處任何境遇或處境，只要以主人翁的態度面對，真理就會在那裡出現」。用現代的方式解釋，「只要把分配到的工作視為自己的工作，全心投入，終究可以成為那個崗位上不可或缺的存在」。

視為自己的工作用心投入，就是讓那項工作具有自己的特色。

比方說，在職場禮儀中，影印會議資料時，如果是橫式書寫的資料，就會用釘書機釘在左上方。但是，如果知道自己的上司是左撇子，不妨為那位上司的資料釘在右上方。

姑且不談這麼做是否違反了職場禮儀。

「啊，那個同事知道我是左撇子，所以特地為我發揮了巧思。」上司發現自己的資料的裝釘方式和其他人不一樣，對那名下屬的看法也會不一樣。

這就是做自己的工作，讓工作具有「自己的特色」。即使覺得工作很無聊，只要認真做好工作，就一定能夠遇到正向的緣分。

•••

禪很重視和對象的人、事、物合為一體。一旦合為一體，自己和對方一樣，就不會產生對立和摩擦，於是，無論成功和失敗都能夠一起分享。

專欄 3

# 本來空寂

## 自己的人生屬於自己

任何人都是孤獨來到這個世界，獨自走向死亡。正因為人皆孤獨，所以才能夠深入思考，善待他人。

別人無法取代自己的人生，自己當然也無法取代別人的人生。

心愛的家人生病時，自己唯一能做的，就是陪伴在家人身旁，祈禱家人盡速康復。

有一句禪語叫「自燈明」。真正能夠支持自己的人只有自己，人生路上，只能依靠自己。

如果仰賴他人的燈，一旦那盞燈熄滅，自己很可能就會在黑暗中迷失方向。

第4章

# 得到無可取代的良緣

27

# 所有的一切，都從相遇開始。

我逢人

「有緣千里來相會。」

「只要有緣，一定能夠再次見面。」

我們經常用「緣分」來說明和他人的相遇和彼此的關係。

「緣分」這兩個字來自佛教。

「諸法無我」是佛教的基本思想之一。

「諸法無我」的意思就是「這個世界上所有一切事物皆依因緣而生，緣聚則有，緣散則滅」。

「因緣」就是事物發生的直接原因（因）和間接條件（緣）。世間所有的事物都是因為因和緣而產生。簡單地說，就是「所有的結果必有因」。

比方說，到東京讀大學的人，在街頭遇到了高中同學。這只是偶然，純屬碰巧嗎？

佛教認為，這個世界上沒有偶然，而是因緣導致的結果，是佛祖指引你們「相遇」。

# 種下「好的因」，締結良緣

有一句禪語叫做「我逢人」。

「我逢人」這句話的意思，就是「所有的一切都從相遇開始」，說明了相遇的可貴和喜悅，對於佛祖指引的相遇表達感謝，並以此作為良好的機會。

全世界總共有超過八十億人口，在全世界這麼多人口中，我們一輩子能夠遇到多少人？如果把只說過一次話的人也包括在內，最多應該不超過數十萬人，在全世界人口中，只占極小的比例。

雖然有佛祖的指引，但是人和人之間的相遇可說是「奇蹟」。

既然相遇如此寶貴，如何才能結交良緣呢？

我相信各位已經瞭解了，那就是種下「好的因」。

保持好的心態，保持良好的行為舉止，努力做好事，就可以迎接良好的緣分。

• • •

因為人和人的相遇並非偶然，所以對所有的相遇也不能疏忽大意。

即使是在工作上認識的人，滿腦子想著「和他打交道，應該可以對工作有所幫助」、「應該可以幫我賺更多錢」，太急於求成，就會錯失良緣。

「怎麼做，可以讓他感到高興？」、「希望可以藉由這次的工作，對社會有所貢獻」。如果帶著這種想法和他人相處，成為別人眼中不計較名利的人，就能夠吸引良緣。

28

整天想著自己的得失，
心靈無法安寧。

利他

以前商場上經常出現「勝利組／失敗組」的字眼。比方說，「該公司靠投資不動產，躋身於勝利組的企業」、「如果不及時趕上數位化的浪潮，就會淪為失敗組企業」。之後開始稱那些在人生中獲得成功的人為「人生勝利組」，無法獲得成功的人為「人生失敗組」。

近幾年，開始出現了「比起論輸贏、比勝負，應該努力以對雙方都有利的雙贏關係為目標」的想法。在世界各地的商場上，都開始「思考對雙方都有利的做法」，企業之間也開始攜手合作。

但是，審視國家與國家之間的關係，彼此仍然不停地較勁爭勝負，叫囂著「我的國家第一」，仍然在意「美國必須更強大，中國如何如何，俄羅斯如何如何，印度如何如何」、「日本在雷曼兄弟事件[21]之後，遲遲無法擺脫失敗組」，在意國家之間的勝負輸贏，這也導致了國際之間的摩擦和紛爭。

「雙贏」是佛教的想法。

21 二〇〇八年，美國第四大投資銀行雷曼兄弟由於投資失利，在談判收購失敗後宣佈申請破產保護，引發了全球金融海嘯。

在上一節提到了佛教的基本思想「諸法無我」——這個世界上所有的事物都因為因緣而聚集在一起，沒有任何事物能夠獨立存在。我們生活在世，和所有一切事物都有關係，所以「雙贏」是很自然的事。

## 「利他」讓人生更輕鬆

「利他」這句禪語教導我們，「凡事在考慮自己的利益之前，先考慮他人的利益，最終將有利於自己」。這就是「雙贏」。

「利他」的相反詞是「利己」——凡事把自己的利益放在他人的利益之前。這就是「勝利組和失敗組」的想法。

「利己」主義的人或許能夠更快速獲得利益，但是，即使能夠短暫春風得意，也無法長久持續。因為隨時都在競爭，隨時都會產生勝利組和失敗組。

不知道各位是否知道，「利他」可以讓人生活得更輕鬆。

「利己」的生活方式會以自己的利益為最優先，所以會心生邪念，同時也會產生執著，只要對方稍微得利，就會心生羨慕，而且隨時都為了自己的利益汲汲營營。

「利他」的生活方式以他人的利益為最優先，能夠帶著坦然的心，投入各種工作。因為無關自己的利益，所以能夠輕鬆採取行動，能夠為對方的喜悅感到高興，人生活得更加輕鬆自在。

禪語「喜捨」和「利他」很相似，就是樂於對困難的人施捨。佛教告訴我們，喜捨最終會回饋到我們身上。

29

# 分享彼此所擁有的，才能夠創造成果。

清風拂明月
明月拂清風

一九九〇年後半，日本各企業都相繼引進了「成果主義」。泡沫經濟崩潰之後，墜入地獄的日本企業開始向歐美企業看齊，重新檢視了以前「終身僱用、論資排輩」的僱用習慣，希望藉由鼓勵個人競爭的成果主義，促進業績恢復。

但是，根據業績決定報酬和評價的成果主義，並不適合以長期僱用為前提的日本企業，而且很多日本企業都重視團隊合作，成果主義造成員工之間的競爭，反而影響了生產力。

最後，過度的成果主義破壞了職場環境，也影響了員工的心理健康。

以前，日本企業之所以能夠在世界產業界留下很大的足跡，就是靠團隊合作的精神。日本的員工很擅長用團隊成員之間共享各種資訊，分工合作的方式，生產出各種商品。

不需要舉棒球、橄欖球和足球的國家隊為例，就知道擅長團隊合作就是日本的特色。

我認為無論社會如何變化，充分發揮這種特色，才能讓日本走上重生之路。

## 人人為我，我為人人

有一句禪語叫「清風拂明月，明月拂清風」。

這句話的意思是「皎潔的月亮很美，清爽的微風也很舒服。沒有哪一個是主角，哪一個是配角，兩者都無私心，相互映照，相互襯托」。

清風和明月沒有絲毫邪念，只是呈現原來的樣子就很美。

以人際關係為例，就是「人人為我，我為人人，彼此不計較利害得失，彼此都充分綻放各自的光芒」，這完全就是團隊合作的寫照。

每個人都不一樣，性格不同，擅長的領域也不一樣。

團隊一起做簡報時，讓分別擅長蒐集資料、安排內容和上台演說的人分工合作，就可以完成一場出色的簡報。

瞭解彼此的長處，讓每個人在各自的崗位上充分發揮自己的能力，是日本企業的特色。

在這種企業環境工作的人，不會產生因為擔心別人搶走功勞，就獨占自己掌握的資訊這種成果主義的想法。正因為共同分享各種資訊和能力，才能夠獲得一個人無法完成的成果。

•••

隨著成果主義的興起，轉職市場也持續成長。從「如何充分發揮自己擅長的領域」的角度來看，藉由轉職找到自己的天職的確更有效率。

最好能夠像「清風拂明月，明月拂清風」這句禪語所說，帶著不計較利害得失的舒暢心情，讓彼此能夠充分發光發熱。

30

# 成為受人喜愛的人，心平氣和過日子。

處世讓一步為高

日本人具備了「您先請」的禮讓精神。在玄關或是電梯出入口，說一句「您先請」，讓對方先走，或是得到對方的禮讓，都會令人心情愉快。

但是，現在不時看到「爭先恐後」，為了搶先，不惜推開別人的情況。開車上路危機四伏，絕對不可以硬是插車或是危險超車。不時看到電車門一打開時，原本排好的隊伍頓時潰散，或是飛機降落時，機艙門還沒有打開，許多乘客就已經離席，擠在通道上的情景。每次看到人群擠在百貨公司特價商品前，或是吃自助餐時，都搶著擠在受歡迎的料理前，就不知道「您先請」的禮讓精神去了哪裡。

工作上的「爭先恐後」也許並不是現在才有的情況，很多人都「希望比同事更早升遷」、「希望更快獲得肯定」。如果可以因此不滿足於現狀，激勵自己的進取心，當然是一件好事，但是不能為了自己向上爬，就把別人踩在腳下。

整天只想到自己的人，內心就會失去餘裕。

## 「您先請」是人際關係的潤滑劑

「處世讓一步為高，退步即進步的張本」。

這是集結了眾多處世之道的中國古代經典《菜根譚》中的一句話。

這句話的意思是，「為人處世，凡事能夠退讓一步很重要，今天讓人一步，他日就可以進一步」。

如果為了向上爬，不惜踩在別人身上，這種自私自利的人，無法得到他人的協助。

即使這種人因為僥倖小人得志，站上大位後，激勵下屬「好好加油」，也不可能得到那些曾經被他踩一腳的人的協助，誰都不會想要為這種自私自利的人出力。

如果退一步，持續自我磨練，用真摯的態度面對工作，即使自己不追求大位，也會受到周圍人的推崇。這種類型的人和那些把他人當作墊腳石往上爬的人不一樣，大家都會樂於提供協助。

發揮「您先請」的精神，以他人的利益為優先，下一次自己也能得利。

• • •

工作以外的人際關係也一樣。

懂得退一步，能夠發揮「您先請」的精神的人會照亮他人，受到他人的尊敬，生活也更幸福，所以，內心也更有餘裕。

「您先請」的精神，是人際關係的潤滑劑。

所有得到良好緣分的人，都具備這種精神。

31

# 建立更輕鬆自在的人際關係。

露堂堂

很多人覺得無論在工作上或是私生活中，都受到人際關係的影響，日子過得不開心。

這個世界上，沒有兩個人的價值觀、習慣、興趣等完全一樣，所以當然不可能完全瞭解彼此，所以在人際關係，只能夠尊重對方，不要抱有過度的期待。

有一句禪語叫做「悟無好惡」。

這句話的意思是，「只要接受對方原來的樣子，就不會有喜歡或是討厭的情緒」。

第一次見面總是容易緊張，有時候為了事先瞭解對方，就會向共同的朋友打聽對方的為人。

如果聽到共同的朋友說「他雖然人不壞，但有些獨特的個性」時，就會心生警戒，反而會更緊張。

但是，實際見面之後，往往發現完全沒有這種感覺。

即使有先入之見，只要能夠帶著「接受對方原來的樣子」的心情和對方相處，就能夠建立自然的人際關係。

「接受對方原來的樣子」，也就是努力發現對方的長處和優點。

發現對方的優點後，不是用空洞的話語，而是針對自己真正欣賞的地方加以稱讚，就能夠加深彼此的人際關係。

## 人會對「真實的樣子」產生好感

有一句禪語叫做「露堂堂」。

這句話的意思是，「真理不需要追求，也不需要探索，而是原本就明明白白、堂堂正正地存在，只要發現真理的存在就好」。

如果運用在人際關係上，就是「不必偽裝，只要用自己真實的樣子和別人相處」。

・・・

為了讓自己更好而付出努力是一件好事，但如果「希望別人覺得我很出色」的意識太強烈，就會活得很累。

因為和別人比較，才會在意別人對自己的評價。每個人的生活方式和價值觀都不同，所以不必在意他人，抱著「我就是我」的態度過日子就好。

「露堂堂」的「露」在第一章中也曾經介紹，是顯現、隱約可見的意思（請參考第6則），「希望別人覺得我很出色」的意識太強，等於為心靈穿上了盔甲，讓人難以靠近。

展現自己真實樣子的人更富有人情味，容易讓人產生好感。最重要的是，自己不會活得太累。

32

# 只有面對面，才能傳達真心想法。

面授

電子郵件、社群媒體等電子溝通工具，為我們生活帶來很多便利。在工作方面，資料的傳送、調整日期，和確認討論事項等都可以確實無誤，令人放心。

我平時在工作上，也都是以電子郵件溝通為主，已經成為工作上不可或缺的工具。

但是，我也發現電子郵件很難傳達自己內心的真實想法。「感謝」、「道歉」、「喜悅」和「悲傷」都流於形式，無法感受到真實的感情。

比方說，即使看到電子郵件中寫了一大堆「萬分抱歉」、「我深刻反省」、「謹此致以誠摯的道歉」、「我完全無法為自己辯解」之類的話，也無法瞭解對方的真心想法，甚至可能會懷疑「他真的反省了嗎？」。

面對面時，就可以根據對方的表情、聲音、呼吸和舉止進行綜合判斷，瞭解對方的真心。

新冠疫情之後，已經完全進入我們生活的視訊又如何呢？我也會開線上會議，或是在線上接受採訪，視訊軟體和電子郵件一樣，都是我工作必不可少的工具。視訊可以瞭解對方的表情和聲音，比電子郵件更能夠瞭解對方的真心，但視訊終究只是「模擬面對面」，並不是真正面對面。

只有實際出門見面，當面道謝，才能夠瞭解對方感謝的誠意；當面道歉，才能夠消除內心的不滿。

## 除了用言語表達，更要傳達真心

有一句禪語叫「面授」。

這句話的意思是，「重要的教誨和真理，無法用文章或是語言傳達，必須由師父當面傳授給弟子」。

在向對方說明事情時，如果只用電子的方式溝通，無法親身感受到對方是否真的瞭解。

釋迦牟尼佛都是當面向信眾傳教。「待機說法」——就是根據對方的性情、狀況和理解程度，用適合的方法傳教。我相信釋迦牟尼佛不會用電子郵件傳教。

‧‧‧

其實，當面道謝或是道歉，比寫電子郵件更簡單。

比起絞盡腦汁，思考要怎麼寫郵件的內容，一次又一次修改，立刻出門，當面道謝或是道歉，更能夠傳達真心的想法。

「真的很抱歉。」

對方看到你深深地鞠躬道歉，就比較容易釋懷。

「好吧，那就下不為例。」

如果對方在遠方，無法立刻見面，可以改用親筆寫信的方式。即使字寫得不好看，只要充滿真心誠意，對方一定可以感受到。

33

無論多麼對立，
必定有能夠
彼此理解的事。

同事

在工作上，經常會需要進行討論，但是歐美國家的人和日本人討論的方式完全不一樣。

歐美國家的人在討論時，會先充分表達自己的意見，將重點放在主張意見的正確性這件事上，明確表達是非對錯。

相較之下，日本人將重點放在傾聽對方的意見上，然後再提出自己的意見。可以說，「日本式的討論」比較顧全對方的面子。

如今，歐美式的討論方式也逐漸影響了日本，有越來越多人過度主張自己的正確性，試圖把對方逼入絕境。

我們一定會遇到對方的想法、意見和自己不一樣，遇到這種情況時，很容易一開始就帶著對立意識聽對方的意見，也帶著對立意識發言。

但是，這種態度不僅會造成彼此的意見無法產生交集，更會在彼此的人際關係中留下疙瘩。

## 傾聽就是發揮同理心

在和對方的意見對立，想要主張自己的想法時，不妨想一下「同事」這句禪語。

「同事」就是做同樣的事，意思是「和對方站在相同的立場上」。

如果發生了對方感到高興的事，就覺得「真是太好了」，和對方一起感到高興。如果發生了對方感到痛苦、悲傷的事，就陪伴在對方身邊，安慰對方「你一定很難過」。和對方相處時，發揮同理心，這就是「同事」。

• • •

即使意見對立，也不可能和對方的意見百分之百都不一樣。

比方說，雖然有八成的想法有根本性的差異，但是有兩成的部分相同。

在日常生活中，應該不時發生這種事。

在這種情況下，如果說「你說的並不正確」，硬是強迫對方接受自己的意見，就無法避免衝突。

因為當百分之百遭到否定時，對方會覺得自己本身遭到了否定。

這種時候，不妨回想一下「同事」這句禪語。

無論自己和對方，在「有兩成相同的想法，八成想法不一樣」這件事上的立場相同。

「針對你意見中的這個部分，我表示同意，也很有共鳴，但是對於這些部分，我有不同的想法。」

在充分傾聽對方的意見之後，說明自己的想法，對方就不會情緒化。如果能夠針對意見不同的部分彼此讓步，就容易達成共識。

傾聽對方的意見，也是吸收自己所沒有的知識、智慧和資訊，得到新發現的良好機會。

# 34

# 努力不懈的態度，能夠召喚美好的緣分。

步步是道場

我想稍微深入討論一下「緣分」。

我從事庭園設計工作數十年，至今為止，從來沒有自我推銷，從來不曾主動拜訪客戶，請他們把案子交給我。我並沒有在誇耀，也不是自以為了不起。

每次都是客戶看了我設計的庭園後，主動洽詢「是否可以請你設計庭園？」

因為好的緣分召喚了新的好緣分。

我在工作時，會努力避免摻雜私心，就是絕對不敷衍案主。

對我而言，庭園設計是「內心的表現」。除了是我身為禪僧修行多年的內心表現以外，還是款待客人的主人，也就是案主內心的表現。只有當這兩者一致時，才能夠建造出雙方都滿意的庭園。

所以，當我發現案主的要求不合理時，我會苦口婆心地一再說明，直到對方理解、接受為止，絕對不會認為「既然案主這麼要求，那就這麼做，反正我照樣可以收錢」。如果案主還是無法接受，就會認為彼此沒有緣分，婉拒對方的案子。因為只要有一次為了賺錢接受不合理的要求，不僅成果無法令自己滿意，甚至會導致「只要付錢，枡野會答應所有的要求」的負評。

對我來說，工作上排除私心，是避開不好緣分的方法之一。

## 良緣平等發生在每個人身上

禪宗認為，良緣並不會挑人，而是平等地發生在每個人身上。

有一句禪語叫做「步步是道場」。

這是我最喜歡，也經常借用的禪語。

這句話的意思是，「無論何時，身處何方，所在之處就是道場，無論做任何事都是修行。必須帶著這種心態，努力活好每一個瞬間」。

還有一句話叫做「行住坐臥」，這句話的意思是，「走路（行）、停下（住）、坐著（坐）、躺下（臥），日常生活的行為都是修行，所以要認真做好每一件事」。

・・・

我向來認為，在日常生活中，認真做好每一件事的人，會迎接好的緣分。

並不是只有重要的工作、賺錢的工作必須認真做好，而是眼前的工作就是「緣分」，是需要努力做好的工作。

沒有私心，全力以赴地完成手上的工作。一定會有人看到你的工作態度，就可以成為良緣召喚良緣的「良緣循環」起點。

35

# 無法得到理想的結果時，是上天的考驗。

安心立命

明天要上台發表花了很多時間準備的重要簡報。整體的架構、蒐集資料和投影片的準備工作都很無懈可擊，事先也多次排練，對上台發表和如何回答提問，都作了充分的準備。自己能夠作的準備工作都作了——但是，為了以最佳狀態迎接明天的簡報，提早上床睡覺後，卻發現完全沒有睡意，翻來覆去睡不著。

你是否曾經在重要時刻之前感到不安？

或者是否帶著信念作出了某個決定，但腦海深處閃過一絲不安，不知道這樣的決定是否正確？比方說，「我很有自信地認為是自己的天職，決定了自己畢業後的工作，但這個決定真的沒問題嗎？」、「我想了很久，終於買了房子，這個決定真的對嗎？」。

在決定重要的事時，當然會傾聽很多人的意見，但是，最後還是要自己在判斷後作出決定。

在判斷時，只能問內心的另一個自己。另一個自己就是與生俱來，徹底純淨、沒有蒙塵的心。這稱為「本來的自己」。

「本來的自己」也可以稱之為「佛」、「佛性」或是「真理」。

用純淨的心審視自己充滿信念作出的決定，如果認為「即使給上天看，也完全沒有問題」，就代表這樣的決定很ＯＫ，其他的就放心交給上天。

## 相信內心深處的自己

有一句禪語叫「安心立命」。

這句話的意思是，無論發生任何事，都不為一切外物所動，帶著安定不動的心過日子。

「安心」在佛教中代表「諸佛平靜的境界」，「立命」則是「隨順天命」的意思。

也就是說，「無論任何時候，任何狀況下，諸佛都會守護我們，不需要有任何猶豫迷惘，邁向諸佛守護的世界」。

如果自己不作任何準備，也完全不努力，完全交給上天，當然不可能有好結果。而是要在付出應有的努力之後，等待上天的保佑。

•••

帶著堅定的信念作出了決定，已經做了力所能及的事，但有時候，仍然可能無法得到理想的結果，於是就會陷入沮喪。

「搞什麼嘛，諸佛根本沒有守護我嘛，上天也沒有保佑我。」

但是，如果從此放棄，之前的努力就付諸東流了。

遇到這種情況，代表上天在對你說：

「努力堅持下去，持續修行。」

不妨認為這是上天給予自己修行的機會，就會用正向的態度看待結果，重新調整自己的心情。

專欄

4

# 感應道交

眾生求佛的心，
和佛回應的心，互相交融。

## 坦誠的心可以培養良好的關係

有些人因為「遇不到好緣分」、「交不到好朋友」而感到煩惱。

問題並不出在別人身上，而是自己的內心存在著「利害得失」或是「私心」，對方一眼就看穿了。

如果發自內心希望「和這個人建立好的緣分」，就不可能計較利害得失，或是有任何自私的想法。

雙方都敞開坦誠的心，才能夠締結好的緣分。

# 第5章

# 整理紛亂的情緒

36

# 如果發現自己容易被周圍人的意見影響。

主人翁

「以和為貴」——凡事以達到和諧的境界為最高的目的。眾所周知，這是聖德太子[22]制定的《十七條憲法》[23]中的第一條。這四個字的意思是，「重視和諧，無論做任何事，都要努力避免紛爭，並以此為最高原則」。

日本人以「和的文化」為基礎，但是，日本人的這種出色的秩序與和諧，有時候會發揮負面的作用。比方說，很多人都很煩惱，因為太注重和諧，受到他人的意見影響，無法坦率地表達自己的想法。

日本社會有強大的群體壓力。群體壓力是指「在群體中，成員中的少數意見必須被迫服從多數意見行動的壓力」，在新冠疫情時，在戴口罩和店家自主縮短營業時間等問題上，日本社會的群體壓力變得更強大。

我認為被他人的意見影響，無法坦率表達自己意見的人其實迷失了自我。說得更嚴厲一點，就是沒有活出自我。

22 五九三～六二二，日本飛鳥時代有名的皇室成員、政治家和佛法弘揚者，一生致力於建立以天皇為中心的中央集權國家體制。

23 日本的首部成文法，內容融合儒家、佛教及法家思想為一體，為飛鳥時代的官僚貴族階層（即豪族）提出了一系列道德準則與規範。

每個人都有自己的意見和想法，只是想法還沒有很明確，或是沒有清楚認識到自己的意見，否則，就真的是屈服於群體的壓力。

## 視為「自己的事」進行思考

我想要把「主人翁」這句禪語送給容易被他人的意見影響，無法勇敢表達自己意見的人。故事的主角稱為「主人翁」，但其實「主人翁」這三個字原本是禪語。雖然我們經常用「要努力成為自己人生的主人翁」，來表達活出自己人生的意見，但是和禪所說的「主人翁」略微不同。

禪所說的主人翁就是真正的自己，也是在前一章中所提到的「自己內心與生俱來，徹底純淨、沒有蒙塵的心」（請參考第35則），也可以稱為「本來的自己」、「佛性」。如何能夠不受他人意見的影響，瞭解現在到底該做什麼，該如何作出判斷？不妨問自己內心另一個自己，內心的這個詢問對象就是「主人翁」。

遇見內心的主人翁，才能夠以自己為主體，活出自己。

• • •

想要遇見內心的主人翁，有一個秘訣。那就是無論遇到任何事，都視之為「自己的事」進行思考。

比方說，在媒體上看到新聞報導時，可以從「如果是我，會怎麼做」、「換成是我，就會這樣想」的角度，思考時下所發生的所有事。假設自己成為環境大臣[24]，思考地球暖化的問題；假設自己變成了經濟產業大臣[25]，思考少子高齡化社會——平時就用這種方式思考問題，就可以讓自己的想法和意見更加明確。

這就是活出自我，成為人生的主人翁。

24 即「環境部長」。
25 即「經濟部長」。

37

# 建立「自己的尺度」。

白雲自在

你是否有「自己的尺度」？

尺度就是判斷時的基準。

為什麼會作出這樣的選擇？真的是根據自己的判斷基準作出這個選擇嗎？是否受到別人的意見或是常識這種不確定因素的影響？

如果是受到「別人的尺度」影響所作的決定，就等於在為別人而活。

蘋果公司的創始人史蒂夫．賈伯斯曾經主張「不需要做市場調查」，這件事廣為人知。

即使問顧客：「你想要什麼樣的電腦？」、「你想要什麼樣的手機？」，在麥金塔電腦（MAC）和iPhone上市之前，任何人都不可能想到這些產品，所以他認為根本不需要做市場調查。

賈伯斯確信，只要相信自己想要的產品，並且實際投入生產，顧客一定願意買單。這可以說是終極的「自己的尺度」。

或許我們無法像賈伯斯一樣，在判斷所有的事情時，都能夠那麼有把握地相信自己，但是在進行判斷時，不妨稍微停下腳步，確認「這是不是用自己的尺度作出的決定，還是受到別人的判斷標準的影響？」

## 像雲一樣，自由自在地生活

禪認為人類的理想生活方式，就是能夠像被風吹拂，自由自在地飄浮在天上的「雲」一樣。因此，在很多事上都使用了「雲」這個字。

比方說，通知修行僧粥飯時間時所擊打之器具版形如雲，所以稱為「雲版」。

修行僧不在特定的場所停留，而是像雲和水一樣四處漂流，在各地修行，因此也稱為「雲水」。

除此以外，還有「行雲流水」、「耕雲種月」、「雲吐峰」、「雲靜日月正」等各種禪語。

在此介紹「白雲自在」這個禪語。

這句禪語的意思是，「吹起南風時，白雲就往北飄，吹東風時就往西飄，而且會因應風的強度，變化出各種不同的形狀，自由地來來去去，但是並沒有改變『雲』的本質」。

我們也要像白雲一樣，無論吹起什麼風，隨風飄動，卻不為所動，不要受周圍評價的影響，保持自己原來的樣子。

・・・

賈伯斯熱愛禪修，而且實踐了坐禪。

大家都認為，蘋果公司的產品凝聚了禪的精神。

「生產自己想要的產品」、「生產大家都欣賞的產品」、「生產大家買了之後，會說感謝的產品」——

這或許就是保持「白雲自在」的心，將產品送到這個世界。

38

# 如果認為自己不適合目前的工作。

自由無礙

「總是犯錯」、「壓力很大，工作很痛苦」、「完全提不起勁」——很多人認為自己可能不適合目前的工作。

在終身僱用的時代，大部分的人即使覺得自己不適合目前的工作，仍然會努力撐下去，但是目前活躍在職場上的世代，幾乎沒有人認為轉職換工作是負面的事。

我也希望每個人都能夠擁有自己滿意的生活方式，但是並不是每個人轉職後都一帆風順。根據某項統計數據顯示，有三分之一的人在轉職後心生後悔。

即使沒有人在衝動之下轉職，但恐怕並不是每一個人都是在清楚瞭解自己對目前的工作有什麼不滿，在哪些方面無法妥協的情況下，才決定轉職。

轉職後，覺得「怎麼和當初想的不一樣」的人，是否執著於自己心目中的職場人形象？

「因為我不適合這個工作，所以才會經常犯錯」、「沒有壓力的工作環境是理所當然」、「如果無法充分發揮自己的專長，就不是適合自己的工作」。不要認為轉職就該如此而受到束縛，重點在於不要失去自己的本質，努力活得更加自由自在。

## 順勢而為，不逆流而活

如果無法擺脫「必須如何如何」的束縛，不妨回想一下「自由無礙」這句禪語。這句禪語凝聚了禪的理念，有助於消除困住自己的負面感情。

這句禪語是「不會在任何地方停留，不被任何事束縛」的意思，這是內心修練、轉念的精髓。

內心帶著糾結的情緒，就像是在水中逆流游泳。隨波逐流時，不會受到任何阻礙，可以順暢地移動，但是想要逆流游向上游，即使費了九牛二虎之力，仍然寸步難行。

因此，我們在人生中不要抵抗世間的潮流，而是要順應周圍的環境。

即使笨拙也沒有關係，只要逐一確實做好自己該做的事，就能夠在人生道路上保有自己的本質。

即使對目前的工作感到不滿，即使覺得目前的工作不適合自己，不要把這種痛苦埋在心裡，而是努力適應環境，就可以邁向自由無礙，然後就覺得「這種感覺似乎也不錯」。

・・・

即使運用了以上的方法，仍然無法妥協，覺得目前的工作造成了自己的壓力，當然也可以考慮轉職，這也是一種自由無礙。

不要被自己的想法或是行為束縛，靈活應對周遭的事物——這或許是將負面情緒轉為正面情緒的訣竅。

39

# 心無旁騖，專心投入的咒語。

無心歸大道

「好，我要好好努力！」準備工作，或是參加考試、活動前的自我激勵很重要，這種自我激勵可以增加動力。

但是，自我激勵有可能會搞錯方向，或是白忙一場。太求好心切，或是貪心地盤算著「只要搞定這一次，就可以賺很多錢」，結果往往不如人意。我認為這種情況就是「私心雜念作祟」。因為一旦有私心雜念，就無法完全投入。

比方說，在工作的時候私心雜念作祟，開始想週末約會的事。「要穿哪一件衣服呢？」、「不知道那天天氣怎麼樣？」、「午餐要吃什麼呢？」……一旦開始思考這些事，當然就無法專心工作。如果忍不住上網查餐廳，當然就更糟了。

然後，在週末約會時，卻開始思考隔天開會的事。「因為一大早就要開會，所以沒辦法睡懶覺」、「我還沒有改提綱」。這也是雜念，破壞了難得的開心約會。

## 「三昧、三昧、大三昧！」

有一句禪語叫「無心歸大道」。

「無心」是指沒有任何意志，只有身體活動的狀態。大道就是「參悟」、「真理」，或是可以解釋為在修行這條路上精益求精。

無心並不是「空白狀態」或是「什麼都不想的放空狀態」，而是拋開想要做好某件事，想要參悟之類的想法。

這句禪語告訴我們，只要在無心的狀態下，切實做好眼前的每一件事，就可以達到開悟的境界。也就是說，只有全心全意投入，才能夠充分激發自己的實力。

當專心投入某項工作或是作業時，效率就會提升，甚至可能激發意想不到的力量，獲得理想的結果。

人在專心一致做某件事時，根本不會去想其他事。在一百公尺賽跑衝刺時，不可能思考今天的晚餐或是影集的事；在發生災害救人等緊急狀況時，也會發揮出驚人的爆發力。

當全心投入時，既不會有好勝心，也不會有貪心的念頭。

・・・

「三昧」也是一句禪語。

在日文中的「〇〇三昧」是指廢寢忘食地投入某件事，或是忘我地沉迷於某件事。禪語的「三昧」是指「專注於某一件事，自己和那件事完全合為一體，心靈安定的狀態」。

禪僧為了能夠無心地投入修行，徹底和目前的修行合為一體，都會對彼此說：「三昧、三昧、大三昧」，相互激勵。

「三昧、三昧、大三昧！」——當自己快要分心時，就可以唸這句咒語。

40

# 不要自以為了不起，認為「我什麼都知道」。

百不知 百不會

人際關係中，謙虛對待每一個人很重要。

不能看到上司或是位高權重的人就點頭哈腰，看到部下或是比自己地位低的人，就一副趾高氣揚，不可一世的態度。這等於是在和對方的身分、地位這些空洞的要素打交道，根本不是人際關係。

道元禪師在闡述對禪僧飲食的想法和餐飲方法的《典座教訓》中，寫下了「既無耽著」這句話。

這四字教訓的意思是，「不可以因為難得一見的食材就倍加珍惜，平時常用的、隨處可見的食材，就漫不經心。無論是任何食材，都要充滿真心誠意，好好對待食材的生命」。

道元禪師藉由對待食材的方法，教導後人必須用相同的方法處理人際關係。

第三章中介紹的「和顏愛語」很重要，有助於我們平等對待每一個人。無論在任何時候、任何狀況下，都要為對方著想，帶著溫和的笑容，帶著慈愛和對方相處，和對方說話。

只要能夠「和顏愛語」，人際關係就不會出問題。

## 無論對自己，和對周遭的人都要保持謙虛

很希望那些面對下屬和地位比自己低的人，就一副傲慢囂張態度的人，記住一句禪語。

「百不知，百不會」——這是中國宋朝無文禪師[26]說的話。

這句禪語的意思是，「什麼都不知道，什麼都不會」。

這句禪語教導我們，「不要自以為了不起，以為自己什麼都知道，什麼都會。無論掌握了多少知識和智慧，都要保持超然的態度，認為自己一無所知，對自己保持謙虛的態度」。

真正開悟的人，不會四處炫耀，已經超越了是不是知道這種事。

除此之外，「百不知，百不會」也是同時告訴我們「即使不知道也沒關係」的積極訓示。

不管無所不知，還是一無所知，其實都不重要。如果不知道，就虛心學習；如果不會，只要累積經驗就好。只有對自己、對周圍的人都保持謙虛的態度，才能促進自我成長。

・・・

如果聽別人說話時，覺得自己早就知道了，就不可能有任何收穫。如果抱著「我不知道」的態度聽別人說話，就會有新的發現。

26 ？～一二七一，宋代臨濟宗大慧派僧，又作道璨，吉安（江西）泰和人，號無文。

41

如果內心不安的種子
越長越大。

達摩安心

「內心有不安，就是活著的證明。」

當有人說自己內心有不安時，我們經常用這句話安慰對方。

這個世界上，每個人內心不可能沒有絲毫的不安。人生在世，每個人或多或少都會有不安。

「公司的業績沒有起色，不知道這份工作還能夠做多久。」

「真擔心退休後的生活。」

「不久的將來，必須面對父母長照的問題。」

「存款不足，萬一生病怎麼辦？」

「傳了ＬＩＮＥ給心愛的人，但是他（她）已讀不回。我被討厭了嗎？還是我主動聯絡，讓他（她）覺得很煩？」

「不安」的原因不勝枚舉。越是在意，不安就越在內心膨脹。

「不安」究竟是什麼？

翻開字典，不安的解釋為「感到擔心、心生恐懼，無法安心。掛念，內心無法平靜」。

禪認為不安是「不確定的未來」、「想像的產物」，所以教導我們「拋開不知道會如何變化的不確定未來，努力活在當下」。

## 「不安的心」沒有實體

有一個名叫「達摩安心」的公案。公案是禪宗術語，是指禪問答的問題。修行僧從師僧手上拿到公案（問題），在解答公案的過程中，提升心靈的層次。「達摩安心」的公案，就是以第一章開始介紹的禪宗始祖菩提達摩，和第二代的慧可大師之間的問題作為題材。

慧可大師問達摩大師：

「我學習了佛典，也持續修行，但仍然無法擺脫不安。請達摩大師消除我的不安，請給我安心。」

達摩大師回答說：

「好，那你把『不安的心』拿來這裡，我就給你安心。」

慧可大師努力尋找不安的心，但是怎麼找都找不到。
「達摩大師，我設法找了不安的心，但是都找不到。」
於是，達摩大師就對慧可大師說：
「怎麼樣？我是不是讓你安心了？」
不安原本就沒有實體，是自己的心感到擔心，製造了不安。一旦發現了這件事，就能夠「安心」了。

• • •

當我們靜靜地坐著或是躺著的時候，不安就會浮現在腦海，然後持續膨脹。尤其在夜深人靜時，黑暗會助長不安。「黑暗」這種不確定的感覺，會把人心推向不安的方向。所以，晚上躺在床上時，最好避免決定重要的事。

42

# 放空的時間有意義。

閒坐聽松風

不知道各位對「坐禪」的印象是什麼？

以前，很多人都認為坐禪是為了參悟而進行的修行。但是，由於史蒂夫．賈伯斯、稻盛和夫[27]等很有影響力的企業家，以及安倍晉三前首相[28]等知名的政治人物也都在生活中坐禪，所以可能有很多人認為坐禪是有助於工作和人生獲得成功的習慣，而且也成為受到矚目的健康法。

首先，坐禪並不痛苦。如果腳痛，無法承受跪坐的痛苦，坐在椅子上進行的椅子坐禪，也同樣可以進入「無」的狀態。

坐禪的目的並不是為了成功，科學已經證明，坐禪可以提升專注力和思考能力，可能對成功有幫助，但成功與否，仍然取決於個人的努力。

我推薦各位坐禪的最大理由，是坐禪有助於調整身心狀態。

27 一九三二～二〇二二，日本企業家，為京瓷與第二電電創辦人，曾任京瓷暨日本航空名譽會長、公益財團法人稻盛財團理事長。

28 一九五四～二〇二二，日本自由民主黨籍政治人物，曾經擔任內閣總理大臣、自由民主黨總裁。二〇二二年七月，安倍晉三在奈良市發表選舉演說時遇刺身亡，終年六十七歲。

當整個人沉浸在寂靜中，心情就會漸漸平靜，可以感覺到大腦重新調整，從「動」進入「靜」的狀態。重整後的大腦在恢復活力後，就能夠再度發揮功能。而且，端正姿勢，調整呼吸，可以讓身體更有活力。

很多人認為必須在「無心」的狀態下才能坐禪，其實是對坐禪產生了誤解。要做到內心完全空無一物，腦袋完全放空並不是一件容易的事。在坐禪時，各種念頭都會浮現。

不必壓抑這些念頭，讓這些念頭自然浮現，自然消失，就是禪所說的「無心」，在這種「無心」的狀態下坐禪，就可以讓大腦放鬆。

## 努力做到無心

有一句禪語叫做「閒坐聽松風」。

這句禪語的意思是，「心情平靜地坐在那裡，聽松葉被風吹動的聲音。」

松風就是吹動松樹的風。松樹是常綠樹，松葉像針一樣細，所以即使風吹在松樹上，也幾乎聽不到聲音。這句禪語是指進入可以聽到風吹在松樹上的聲音，自己和大自然完全融為一體的境界。

平時忙碌的時候，甚至無法聽到鳥啼聲。雖然聲音會傳入耳朵，但是因為內心缺乏餘裕，所以無法察覺。當工作告一段落，終於鬆一口氣時，才會猛然發現「哇，有鳥在叫欸」。這一刻就是「無」的狀態。

・・・

即使在忙碌的生活中，也要不時抬頭看雲、看夕陽，讓腦袋放空，有助於消除大腦的疲勞，讓大腦恢復活力。

專心工作兩個小時後，不妨放空五分鐘，就可以恢復工作效率，而且腦袋放空時，往往可以浮現之前絞盡腦汁思考時無法想到的靈感。

43

# 面對「禪風庭園」，和大自然融為一體。

共生

身處「禪風庭園」，會感覺到被清澈肅穆的靜謐包圍。你是否曾經覺得，庭園和自己融為了一體？

建造禪風庭園時，建造者和空間之間並不是主從關係。建造者並不是支配空間，而是傾聽空間的聲音，在和空間討論的同時，打造出「禪風庭園」。

「共生」是佛教用語，現代解釋為「各種不同的生物相互依賴，在相同的場所生存」，但佛教中的「共生」是指「人類是大自然的成員之一，人類和大自然同體共生」。

我們和大自然合為一體，共同生活，帶著感恩的心活著。

在建造禪風庭園時，「共生」就是最重要的事，這和歐美國家的庭園設計概念大不相同。

比方說，假設案主委託建造庭園的土地是坡地。

歐美國家的人在建造庭園時，會先將坡地填平之後，設計出自己理想中的庭園。

但是，在建造「禪風庭園」時，會和那塊坡地對話，充分運用土地原來的樣子，思考如何配置石頭和樹木，和周圍的空間建立關係。

## 和石頭、樹木對話

建造「禪風庭園」時，要「傾聽地心，傾聽石心，傾聽木心」，傾聽大自然的聲音，將這個聲音透過「禪的教義」，呈現在設計上。

具體的方式，就是面對石頭時，感受石頭的氣勢。園林設計中所說的「氣勢」是指石頭或是樹木所散發的勢況，在充分瞭解之後，安排石頭和樹木的位置。

比方說，如果石頭的氣勢朝向右方，就要把這塊石頭放在庭園的左側。因為假設放在右側，就會產生壓抑感。如果是缺乏氣勢的石頭，就需要搭配、組合，增加整體的氣勢。

我在設計時，都會實地勘察，發揮耐心和石頭對話，和樹木對話。我對這種對話樂在其中。

•••

小學五年級時，父母帶我去參觀了京都龍安寺[29]的石庭，成為我立志成為庭園設計師的契機。那個充滿美感的空間讓我受到了文化衝擊，從此愛上了「禪風庭園」。

身處禪風庭園，可以忘記日常生活的紛亂。希望各位也能夠和「禪風庭園」的世界觀合為一體，重整自己的心態。

29 位於日本京都府京都市右京區的臨濟宗妙心寺派的寺院，以古都京都的文化財一部分列入「世界遺產」。龍安寺的石庭，也是日本最有名的枯山水園林精品。

44

# 如果覺得「好煩喔」、「真不想看到那個人」。

融合如水以成和

一九八九年，「柏林圍牆」[30]崩塌，隔年，東德和西德再次統一。至今已經超過三十多年，瞭解當時情況的人也越來越少。在東德和西德再度統一的十年後，我接受德國政府的委託，在柏林設計了日本庭園。

雖然當時兩德再次統一超過了十年，但是前東德和前西德人民之間仍然有敵對意識。經濟富裕的前西德人不會去屬於前東德的地方，只有前東德的人尋求賺錢的機會，來到屬於前西德的地方。雖然柏林圍牆崩塌了，但是東德和西德人「心靈的牆壁」仍然沒有消失。

第二次世界大戰後，柏林被一分為二，分隔成為東柏林和西柏林。東柏林是前東德的首都，西柏林是西德在東德的飛地[31]。統一之後，將首都設在柏林的德國政府，決定要在柏林建造世界各國的庭園，並取名為「世界的庭園」，促進前東德人和前西德人之間的交流。

30 二次世界大戰後德國分裂期間，隸屬於社會主義國家的德意志民主共和國（東德）政府環繞西柏林邊境修築的全封閉邊防系統。

31 一種人文地理概念，意指在某個地理區劃境內有一塊隸屬於他地的區域。

同時，德國政府也希望能夠吸引歐盟各國的觀光客造訪柏林，促進德國的經濟。我受委託設計這個「世界庭園」中的日本庭園。

## 溫和地主動親近對方

德國政府打造世界庭園的目的，是為了促進前東德、西德的交流。我針對德國政府的目的，將日本庭園的主題設定為「水」。

「融和如水以成和」——這是我創作的禪語。

這句禪語的意思是「像水一樣柔軟地融合在一起，促進和諧」。俗話說，「水隨方圓器」，水裝在圓形的容器中，就變成圓形，裝在四方形的容器中，就變成四方形。

當初在設計日本庭園時，充滿了「無論是前東德人，還是前西德人，都要像水一樣，在相同的容器中團結融合」的希望。

庭園的名字叫「融水苑」。

那是以茶屋「如水亭」為中心，由三個庭園構成的迴遊式庭園，從如水亭看出去的枯山水主庭園中有一座石橋，可以連結左右兩個庭園，象徵「東德的人和西德的人打破『心牆』，活在當下」，而且不僅希望德國如此，更希望是這個世界未來的樣子。

如水亭中掛著我親筆寫的「融合如水以成和」的掛軸。

• • •

我們經常必須和一些合不來的人、無法適應的人，或是心浮氣躁的人一起工作，和他們打交道。遇到這種情況，難免會覺得「好煩喔」、「真不想看到那個人」，感到情緒低落。

但是，也許是你自己建立了這種「心牆」。當主動親近對方，就會發現彼此可以像水一樣和對方融合，心情也會比較輕鬆。

專欄

5

## 只要瞭解道理，就更接近禪的精神

# 水流元入海 月落不離天

**水流無論在哪裡，最後都會在大海匯聚。東升西落的月亮，也不會從天上掉下來。**

禪宗教導我們，要遵循道理過生活。

道理就是「事物應有的秩序或邏輯，以及每個人應該遵循的正確行為準則」。

無論我們現在活著，還是有朝一日離開這個世界，都是在遵循道理。

想要充分感受大宇宙的道理，最好的方法，就是感受季節的變化。

春天的陽光、夏夜的星空，秋天的暮色、冬季的寒風……

# 第6章

# 培養舒服自在的習慣

45

因為方便而忘記的事，
因為不方便而瞭解的事。

其中半日坐
忘卻百年愁

現代社會中，有許多讓我們的生活更加豐富充實、更加方便的商品和服務，網路和手機當然不用說，在新冠疫情期間，線上會議的軟體迅速普及，我目前的很多會議，也都改為採用線上的方式進行。

生活中，也增加了很多方便的生活用品，像是掃地機器人和洗碗機，只要打開開關，這些家電就會自動吸地、洗碗。很多家電都成為高齡者和生活需要照顧的人的必需品。

生活方便、舒適是一件好事，但是也令人擔心，太方便的生活可能會導致人類退化。

比方說，掃地機器人是很方便的家電，可以把地上的灰塵和垃圾都清理乾淨。但是也因此減少了身體活動的機會，導致運動能力退化。

同時，也會減少我們在生活中的「發現」。比方說，用掃帚掃地時，會知道哪裡比較容易積灰塵。如果北側容易積灰塵，就會發現「南風會從這裡吹進來」，於是就可以感受到大自然的變化。

隨著手機和導航系統的出現，人類的「記憶力」似乎也衰退了。以前，每個人都會記住十幾個親朋好友的電話號碼，但現在都記在手機的通訊錄上，幾乎不記得任何人的電話號碼。開車時也都仰賴導航系統，不再記路。

## 不方便是樂趣的寶庫

「其中半日坐，忘卻百年愁」——這是中國唐朝的僧侶寒山[32]創作的詩中的一部分。「幽澗常瀝瀝，高松風颼颼，其中半日坐，忘卻百年愁。」「幽澗」是遠離塵世的地方，意思就是「只要坐在遠離人群的山中半天的時間，就可以遺忘多年的憂鬱」。

我解讀這首詩的意思是，「正因為身處便利的社會，更要刻意選擇不便，就可以找回身心的健康」。

只要身處和山上一樣不方便的環境，就會發覺和發現很多事，可以激發巧思和創意，成為樂趣的寶庫。比方說，現在遇到看不懂的話或是不認得的字，只要上網一查，馬上就可以查到。因為很輕鬆，所以有時候同一句話、同一個字會查好幾次，總覺得記憶力衰退了。

不妨試試翻字典。雖然有點不方便，但是不僅可以瞭解那句話、那個字的意思，還可以看到其他內容，或許會有新的發現。

即使再怎麼記不住電話號碼，至少要記下家人的電話號碼，撥打的時候不要使用一鍵撥通，而是逐一按每一個數字，就可以瞭解自己的記憶力狀況。

•••

主動放棄方便，可以預防身心健康的退化，也不妨同時結合重整的方法。

32 生卒年不詳，巨鹿郡人（今邢臺人），唐朝詩僧，約活躍於唐德宗至唐昭宗年間。

46

# 放下執著，展開簡單生活。

放下庵中放下人

「擁有豐富的物質感到滿足時代已經結束。捨棄不需要的東西，簡單生活，才是真正的富足和自在。」

我從多年前開始提倡這個觀點，但是經常有人對我說，不捨得放棄，所以無法付諸行動。

珍惜物品是一件好事，但是如果一直捨不得丟，家裡的東西就會越來越多。這種情況顯然是因為執著而捨不得丟棄。

佛教告訴我們，要「捨棄執著」。只有捨棄執著，身心才能放輕鬆，內心才會有餘裕。

不妨自己決定捨棄的標準。比方說，可以設定「三年」的期限。

如果在三年期間，完全沒有穿過的衣服、沒有穿過的鞋子，八成以後也不會再穿。即使認為以後會有機會使用，但十之八九，這樣的「以後」永遠不會出現。

只剩下「即使留著也沒有意義的執著」。

首先，不妨試著丟一樣東西。只要能夠捨棄一樣東西，就會發現心情變輕鬆了。

捨棄並不一定是丟棄，可以送給或是捐給有需要的人，也可以拿去跳蚤市場或是在網路上拍賣。只要其他人能夠使用，就可以為那樣東西帶來新生命。

## 每個人已經擁有了重要的東西

有一句禪語叫「放下庵中放下人」。

這句禪語的意思是，「捨棄世俗執念的自由人，在空無一物的草庵中生活」。捨棄就能夠擺脫執著，獲得自由。

還有一句禪語叫「明珠在掌」。

這句禪語的意思是，「你手中有美麗的珍珠」。

我們出生來到這個世界，身體就已經具備了「佛性」、「本來的自己」這個最重要的東西，其他都是在人生過程中，因為有緣而擁有的東西。如果極力想要守住這些身外之物，就會過得很痛苦。

•••

禪很重視「轉用」的概念，就是認為有了和原本不同的用途時，覺得會很有趣，也很美。

比方說，茶碗的邊緣缺了一角，如果能夠拿來作插花的容器，就很有趣。如果有幾件不捨得丟的衣服，可以用拼布的方式，做成餐墊或是花瓶墊、杯墊，就可以為舊衣服帶來新生命。

持續用這種方式練習，就能夠逐漸減少內心的執著。

47

# 擁有獨處的安靜時間和地方。

山中的山居

在每天的生活中融入少許「禪的要素」，就可以促進創造力、專注力、思考力和觀察力。請各位閱讀本章的內容，親身感受這種重整的感覺。

在前一章中，建議大家找時間欣賞夕陽，讓腦袋放空。在這一節中，將進一步深入討論「放空」、「什麼都不做、什麼都不想」和「擁有獨處的時間」。

二〇〇八年，我受ＮＨＫ的《校外課 歡迎學長》節目的邀請，為母校的小學生上了一堂校外課。那堂課的名字就叫「腦袋放空！好好感受！」。

在那堂課上，那些小朋友和我都有了許多新的發現。

小孩子平時都被父母催著「要去補習班了」、「趕快去上鋼琴課」，每天都過得很匆忙，所以聽到我叫他們「放空」時，不知道該怎麼辦。因為他們從來沒有試過「什麼都不做，什麼都不想」，所以一開始都感到不知所措。

「可以讓腦袋放空，看著天空，也可以持續觀察在地上走路的螞蟻，不管在哪裡，做什麼都沒關係，試著讓腦袋放空。你們一定會有所發現。」

當我這麼提示之後，這些小學生立刻開始行動。

有的人爬到體能攀爬架上看著雲發呆，也有人躲進房子之間的夾縫中，也有人坐在狹小的空間內，一動也不動。

那些孩子很快就愛上了發呆，在那堂課結束時，都瞭解到「什麼都不做，什麼都不想」是多麼身心舒暢。

## 「心情放鬆的地方」的重要性

有一句話叫做「山中的山居」。

意思是「在遠離人群的山中，獨自靜靜生活」。

這是鴨長明[33]在鎌倉時代寫的《方丈記》中的一句話。

這句話描述的對象是茶禪一味的「侘茶」的祖師村田珠光[34]。珠光認為在山中的寂靜中，讓心靈徹底解放，才是真正享受茶道。

珠光的徒孫千利休[35]用「市中的山居」思想，將侘茶發揚光大。

一般人很難一直住在山上，於是利休打造了在日常生活中，心境也能夠像身處山居生活般的場所，於是就創造了名為「露地」的茶室庭園文化。

露地是從主屋到茶室的專用空間。利休將原本的通道庭園化，打造出「擺脫世俗塵埃，淨化身心的地方」，成為通往可以靜靜獨處的「市中山居」的入口。

•••

找到一個可以完全不思考的地方，讓自己有靜靜獨處的時間，打造「市中的山居」，是邁向禪生活的第一步。

33 一一五五～一二一六，日本平安時代末期至鎌倉時代初期的作家與詩人。

34 一四二三或一四二三～一五〇二，生活於日本室町時代中期的日本茶道先驅。

35 一五二二～一五九一，出身日本戰國時代與安土桃山時代堺地區的茶道宗師。

48

# 修養心性的「打掃」魔法。

善因善果
惡因惡果

「把寺院內打掃得一乾二淨，心情很舒暢。」

「把走廊和正殿擦得很亮，感覺也充分洗滌了內心。」

很多參拜寺院的人，都會有這樣的感想。

禪向來認為「一打掃，二信心」，把打掃視為重要的修行。

禪修行之所以很重視打掃，有兩個原因。第一個原因，當然就是維持自己修行的場所清潔這個物理上的理由。

另一個原因是除了肉眼能夠看到的環境以外，也要打掃自己的內心。這是心理的原因。

「保持無心的狀態打掃，一起掃除心靈的塵埃和污垢。同時要隨時打掃，避免心靈累積灰塵和污垢。」

因此，禪宗的修行道場每天都要掃好幾次地，擦好幾次灰塵。

推薦各位也在無心的狀態下打掃，專心掃地，專心擦拭，不要有任何邪念，只專心在打掃這件事上。

在打掃過程中，可以感受到心靈的灰塵也消失了。打掃結束後那種神清氣爽的感覺，和坐禪結束時的感覺一樣。

## 打掃可以帶來「良緣」

每次遇到不好的事，我們很希望在自己以外的人、事、物上找原因。「都是他的錯」、「都是社會的責任」、「這個時代有問題」，但其實真正的原因，永遠都是在自己身上。

佛教中有一句話叫做「善因善果，惡因惡果」。這句話的意思是，「善（良）的行為會有善（良）報，作惡就會有惡報」。「善因」就是帶來良好結果的原因，「惡因」就是造成不良結果的原因。

還有另一句話，「善因善果，惡因惡果，自因自果」，「自因自果」的意思是，「自己種下的因，就要自己承受結果」。

生活周遭發生的所有事都有原因，自己造成了這些原因。
因此可見，好的行為能夠帶來「好緣分」。

・・・

每個人在打掃結束後，都會感到神清氣爽，所以我很推薦在一天之始的早晨打掃。
能夠在神清氣爽，舒服的狀態下開始一天的生活是非常理想的事。
禪宗用「早晨締結良緣」這句話，說明度過充實早晨的重要性。
早晨打掃能夠充分實踐「善因善果」這句話。
打掃之後，室內環境和內心都一塵不染，精神抖擻地出門工作，無論工作或是私生活，都會很充實。

# 49

# 「早起十五分鐘」，改變一天的充實度。

曉天坐禪

不知道各位如何度過早晨的時間？

很多人早上都很忙碌、匆忙。再睡十分鐘，再躺十分鐘。早晨遲遲無法起床，之後也拖拖拉拉、懶洋洋，最後眼看著快遲到了，只能匆匆衝出家門。

我向來認為，如何度過早晨的時間，將影響一天的充實度。人生就是每一天生活的累積，所以可以說，「如何度過晨間時間，掌握了人生的關鍵」。

我很推薦各位每天早起十五分鐘。

早起之後要做什麼——腦袋放空看天空，好好喝杯茶或咖啡，去附近散步、打掃、做伸展操，或是坐禪，為自己安排「無心」的時間。

早起十五分鐘，可以讓自己的晨間時間不再匆忙。

早上之所以會匆忙，不是因為沒有時間，而是內心失去餘裕。十五分鐘「無心」的時間，就可以為心靈找回餘裕。

早起十五分鐘，就可以在心靈和諧的狀態下度過一天。

## 早晨更容易有好點子

雲水（修行僧）在修行時，一天會坐禪好幾次。

早晨起床後第一次坐禪稱為「曉天坐禪」。「曉天」就是天將亮時，很多禪寺都在天還沒有完全亮的一大早就開始坐禪。

「曉天坐禪」就像是一大早打開調整心靈的開關。

坐禪結束後，就是早課（誦經），之後再開始打掃等勞務工作。

我每天早晨四點半起床，都會妥善運用晨間的時間。以前修行僧時代，通常四點就起床，目前是四點半起床，所以我四點多起床的習慣已經維持了將近半個世紀。

在早課之前，差不多有兩個小時的時間可以寫作或是思考庭園設計的構想，有時候也會在早晨清新的空氣中整理庭園。

早晨的工作效率很出色。我認為自己在中午之前，就可以完成別人一整天的工作。

清晨時間的另一大優點，就是手機不會響，也不會收到電子郵件，所以成為專心思考，構思的理想時間。

我相信各位都曾經有過加班到深夜，仍然想不出好點子的經驗。這種時候，不妨乾脆下班回家，早點上床睡覺，隔天早晨頭腦清醒時再思考，就可以想出好幾倍的好點子。雖然我很想推薦大家每天四點半起床，但很多人可能難以做到，所以不妨在自己力所能及的範圍試一試。

• • •

先試試早起十五分鐘，在親身體會早起的舒暢感覺後，再提早三十分鐘起床，就可以進一步增加充實度。除了擁有「無心」的時間以外，如果能有效運用早晨的時間，就會發現可以做很多事，人生會更加豐富。

# 享受「美食」的秘訣。

喫茶喫飯

前面已經談過，不要一心二用，專心做一件事的重要性（請參考第13則）。吃飯的時候，通常最容易一心二用。很多人已經習慣邊吃飯邊看電視、看報紙，或是滑手機。

有一句禪語叫做「喫茶喫飯」。

這句禪語教導我們，「喝茶時專心喝茶，吃飯時專心吃飯」。把飯吃進嘴裡時，要感謝大自然的恩惠，想到為我們做飯的人，於是就會發現，自己多麼幸福。

「開動了」、「謝謝款待」——日本人在吃飯時說的這兩句話很重要。「吃」是接收大自然恩惠的其他生命，所以吃飯時必須感激那些生命付出的犧牲。

佛教有「不殺生戒」，就是不得殺害其他生命。

所以，佛教不使用魚、肉的素齋很發達，但是蔬菜和海藻等食材也有生命，所以在使用食材，在用餐時，要帶著「接收這些生命」的感恩之心。

日本人在用完餐後會說「謝謝款待」，「謝謝款待」的漢字是「馳走」，就是「奔走」的意思。「謝謝款待」就是感謝廚師四處奔走張羅食材，款待自己這一餐。

## 感謝食物饋贈的生命

禪宗在用餐之前，一定會唸《五觀偈》。

這是表達對奉獻了自己生命的食物，和烹飪食物的人表達感謝。

《五觀偈》

一、計功多少，量彼來處。

（一、我們接收了食材的生命，因為很多人的辛苦付出，我們才能夠吃到這一餐，對此表達感謝）

二、忖己德行，全缺應供。

（二、反省自己的行為，是否合乎道德戒行，能夠接受這一餐。）

三、防心離過，貪等為宗。
（三、不可有貪心、瞋恨和愚痴等不淨的心，要帶著謙虛的心用餐。）
四、正事良藥，為療形枯。
（四、把飲食作為生命的食糧，維持健康的良藥。）
五、為成道業，應受此食。
（五、在做到以上各項的基礎上，為了和其他人一起好好生活，一起虔心佛道，所以接受這一餐。）

自己的生命來自其他生命的付出——只要瞭解這件事，就不會浪費一粒飯。

51

# 持續維持健康的訣竅。

少水常流如穿石

修行僧一年四季都光腳生活，身上也只穿樸素的雜作衣。

道元禪師創立的曹洞宗總本山永平寺位在福井縣的山上，冬天極其寒冷，而且會被一片白雪覆蓋，但是修行僧仍然不可以穿足袋。對抗天寒地凍也是一種修行。

我當年是在曹洞宗兩大總本山中的另一個總本山，位在神奈川縣的總持寺修行，雖然不曾在永平寺體會過寒冬的修行，但是並不難想像是多麼嚴峻的考驗。

即使如此，據說永平寺內完全沒有修行僧感冒。腳底被認為是「第二心臟」，應該是因為一年四季都光腳生活，促進了血液循環。

我年輕的時候，也一年四季都光腳生活。目前因為上了年紀，寒冬的時候會穿足袋，但是在春分到十一月底的這段期間，都是光腳生活。光腳生活可以用腳底感受季節，踩在榻榻米上感覺也很舒服。

光腳生活有助於促進大腦的活化。光腳時，外出通常會穿草履鞋或木屐，穿草履鞋或木屐走路時，夾腳帶會刺激大拇趾和食趾之間的位置，據說那裡有很多和大腦、內臟有關的穴道。

光腳生活可以打造不容易生病的身體，也有助於活化大腦。

## 努力「持續做力所能及的事」

有一句禪語叫「少水常流如穿石」。

這句禪語的意思是，「即使溪流只有潺潺細水，但只要水常流，即使力量微小，持之以恆，就能夠穿石」。

還有另一句話叫「精進」。

「未來的日子，我將持續精進！」在採訪相撲力士時，經常聽到這句話。

精進的意思是，「集中精神，專心做某件事，努力不懈」的意思，這句話也來自佛教。

聽到「精進」這兩個字，或許會覺得很辛苦，但其實並不是只有學會驚人的技術，或是學習新知識才能稱為「精進」。

持續做好力所能及的小事，也是一種「精進」。

如果可以，不妨持續一年四季都光腳生活。光腳生活並不需要付出太多努力，而且也很舒服，很值得「精進」。

或許需要付出一點努力，但是可以獲得更大的回報。如同「少水常流如穿石」這句禪語所說，確實向維持健康的目標邁進。

• • •

現在很少人有機會光腳穿木屐或草履鞋，但是，這有助於找回身體本身的強健，所以我大力推薦光腳生活。

52

# 走路可以找回心靈的平靜。

動中靜

新冠疫情之後，企業鼓勵遠距工作，在家工作蔚為風潮。也曾經聽到有人說，疫情之前，一直認為遠距工作不可行，沒想到被迫採用這種方式工作後，發現工作很順暢。

疫情逐漸平息之後，有很多企業仍然以某種方式，持續讓員工進行遠距工作。

不需要通勤時間的在家工作最能夠「有效運用時間」。據說以東京為中心的都會區，平均通勤時間為單程五十分鐘，所以每天可以省下一小時四十分鐘的時間，的確很有幫助。

但是，我認為某種程度的通勤時間有助於切換到工作模式。

假設早上起床後，在開始工作之前都很悠閒，即使九點一到，告訴自己「好，開始工作」，恐怕也無法立刻切換到工作模式，因為心情的切換並沒有那麼簡單。

我推薦在家工作的人，在工作之前試試「步行禪」。

步行禪的方法很簡單，只要在住家附近走一圈，當然也要把平時上班時走的路規劃在步行的路線內。

①挺起胸膛，收起下巴，肩膀放鬆，心情放輕鬆，將注意力集中在丹田（請參考第13則）。

②微微張嘴，緩緩充分吐氣。

③將視線看向一百八十公方前方的地面，用比平時走路稍慢的速度步行，注意不要撞到路人。

④丹田呼吸和保持良好的姿勢走路是關鍵。

用這種方式，就可以讓平時走的路變成「坐禪道場」，進入工作模式。

## 專注於丹田呼吸

周圍的環境這麼吵鬧，真的有辦法完成步行禪嗎？——不必擔心。也許一開始心情無法平靜，但是步行禪一旦成為日常生活的一部分，無論身處任何環境，都能夠進入「寂靜」的狀態。

有一句禪語叫「動中靜」。那是江戶時代的白隱禪師[36]說的話，原話是「動中的功夫勝過靜中百千億倍」。

這句話的意思是，「在寧靜的山上保持寂靜是理所當然的事，在嘈雜的環境中，也能夠保持寂靜，才是難能可貴」。因為「寂靜」代表了自己內心的狀態。

•••

在吵鬧的日常生活中，也不要受到影響，而是要注視自己的內心，努力讓心情平靜下來。即使在步行禪時，內心浮現擔心和煩惱，也不必在意。只要專注在用力深呼吸，寂靜很快就會出現。

36 白隱慧鶴禪師，一六八六～一七六九，江戶時期臨濟宗著名禪師，中興臨濟宗，開創白隱禪一派。

53

# 找回親筆寫信的價值。

墨跡

昭和年代，只能用寫信或是打電話的方式和遠方的人聯絡、溝通。進入平成年代後，手機、電腦開始普及，之後進入了智慧型手機的時代，電子郵件和社群網站成為彼此溝通的主要方式。

也因為這個原因，現在很少有人寫信，親筆寫信的人更是寥寥無幾。

現在連新年賀卡的收件人也都用印刷。正反面都是印刷的新年賀卡已經成為常態，除非是很親近的人，否則甚至懶得親筆寫上一、兩句話。我相信不會只有我覺得這種新年賀卡枯燥乏味，也許就是因為有這種公事化賀年卡越來越多，成為賀年明信片發行張數逐年減少的原因之一。

但是，如果要聯絡重要的事，或是把自己的心意傳達給對方，親筆寫的信絕對比電子郵件和通訊軟體更出色。

以情書為例，就可以清楚瞭解這件事。無論寫電子郵件時多麼充滿感情，即使收到一百封寫著「我愛你」的電子郵件，遠不如收到一封親筆寫著「我愛你」的信更令人高興。

我認為應該更加正視寫信的好處。

## 手寫的文字有靈魂

有兩個字叫做「墨跡」。

原本是「毛筆寫的字＝筆跡」的意思，但「墨跡」常用於禪僧寫的書法。通常認為墨跡可以體現禪僧的成就和人格。

「墨跡」有很多種，最重要的就是師父授予弟子，證明已經參悟的證明文件「印可狀」。禪僧會將師父授予的印可狀視為師父的象徵，終生尊敬和珍惜。

除此以外，還有禪僧在死之前留下的辭世話語「遺偈」（請參考62則）、表達自己目前處境的「法語」、掛在寺院建築物內的「額字」（匾額上的字），以及禪僧寫的信也叫「墨跡」。

前不久，我收到了一位和尚朋友寄來的宣紙信。雖然很多人會寄親筆信給我，但很久沒有收到用宣紙寫的信了。那位和尚朋友當然是用毛筆寫的，而且字寫得很漂亮。我正襟危坐地拜讀了那封信。

・・・

文字可以如實呈現寫字的人內心的狀態，無關字的美醜，看到工整的字，就可以感覺到寫字的人內心平靜，充滿了餘裕。而且，看到那樣的字，也會為對方願意為我們花時間寫信感到高興。

寫信時，想像對方收到信時的笑容，挑選信紙和信封也是一種樂趣。

如果沒有充裕的時間寫信，不妨一個字、一個字親筆認真寫收信人的姓名、地址和自己的名字。光是這麼做，就可以讓人收到信時的印象大為改善。

專欄

6

# 瑞氣滿堂春

## 打開窗戶，吸收新鮮的空氣

瑞氣是指「吉祥的運氣」、「吉祥神聖的氣氛」。

春天是萬物復甦的季節。在冬天期間靜靜累積能量的生命，在春天迅速萌芽。

春天的早晨，打開窗戶，讓戶外新鮮的空氣進入房間，會頓時感到身心舒暢。

新鮮的空氣都是「瑞氣」，但並不是只有春天的空氣如此而已，無論任何季節，都要在清晨時間，讓戶外的空氣進入室內。

瑞氣充滿整個房間，讓人感受到春天。

# 第7章

# 用禪的精神改變微不足道的每一天

54

# 努力不被煩惱壓垮。

貪

瞋

癡

寺院的除夕鐘聲，會在除夕的午夜到元旦整點，敲響一百零八次。這是人類煩惱的數量，敲響一百零八次，代表逐一消除了這一年的煩惱，迎接新的一年。

「煩惱」是佛教語，指令身心煩惱、混亂、困惑和迷惘的心理作用。

釋迦牟尼佛發現煩惱才是人類「痛苦」的原因。在分析煩惱之後，瞭解到有八種痛苦。

這八種苦分別為「生苦」、「老苦」、「病苦」、「死苦」這四苦，以及「愛別離苦＝必須與所愛的人離別的痛苦」、「怨憎會苦＝必須和自己憎恨的人見面的痛苦」、「求不得苦＝無法得到所求之物的痛苦」、「五蘊盛苦＝難以放棄的痛苦」這四種痛苦，統稱為「四苦八苦」。也就是說，人的煩惱就是「不如意」。

如果自己能夠克服煩惱，日子就可以過得很安樂。

釋迦牟尼佛認為，煩惱的根本是「貪、瞋、癡」這三毒造成的。只要能夠消除進入內心的三毒，就可以愉快地生活。

## 遵守「五戒」，就可以平靜生活

「貪、瞋、癡」這三個「想要如自己所願的心」毒分別如下。

「貪」就是貪婪的心。什麼都想要，即使得到某一樣東西，仍然有無窮無盡的欲望，陷入欲望而無法自拔，迷失自己。

「瞋」就是憤怒和憎恨。為小事動怒，進而破口罵人，舉拳打人。

「癡」就是愚癡。由於不瞭解真理，缺乏道理，因而嫉妒他人，做出愚蠢的行為。

一旦被三毒支配，內心就無法平靜安樂。

釋迦牟尼佛教導我們五大行為規範，成為不被煩惱擊垮的人。那就是「五戒」。

「不殺生戒＝不殺害生命」、「不偷盜戒＝不偷他人的東西」、「不邪淫戒＝不可有不道德的交友關係」、「不妄語戒＝不說謊欺騙」、「不飲酒戒＝不喝酒」。

最後的「不飲酒戒」，可以認為是不要喝酒到神智不清的程度。

遵守「五戒」，並不是太困難的事。

•••

是不是所有的煩惱都不好？其實並非如此。比方說，正因為有意欲（欲望、煩惱），我們才能夠努力。

只是不能因為太執著於「想要所有的事都能如願」而迷失自己，只要遵守「五戒」，就能夠努力成為不被煩惱擊垮的人。

55

# 不再當時間的奴隸，不再被時間追著跑。

忙裡偷閒

「你整天都忙壞了。」

任何人聽到這句話，都不可能不高興，甚至很多人認為這句話等同被人稱讚「你很能幹」。

但是，忙碌真的是好事嗎？

「忙」這個字，「就是亡失了心（忄）」，代表忙碌的時候，大腦會陷入疲勞，內心失去富足，心靈失去滋潤。

即使為整天忙碌的自己感到驕傲，但身心是否已經疲憊不堪？一回到家，就嚷嚷著「累死了」，然後在床上倒頭就睡？

真正能幹的人並不會忙得焦頭爛額，他們懂得妥善控制時間，找到屬於自己的私人時間。

有一句禪語叫做「忙裡偷閒」。

這句禪語的意思是，「無論再怎麼忙，都可以抽空讓自己喘息」。

工作能力強的人，會在專心完成一項工作後，進入下一個工作之前，花五分鐘、十分鐘的時間，做自己喜歡的事。週末也不會加班，而是讓自己充分休息。因為他們懂得用這種方式轉換心情，所以能夠專心投入下一個工作。

## 自己是時間的主體

「汝被十二時辰轉，老僧使得十二時辰。」

這是中國唐朝趙州禪師說的話。

十二時辰就是二十四小時，這句話的意思是：「你變成時間的奴隸，但我能夠妥善運用時間。」

也就是說，問題不在有沒有時間，重要的是，自己是否能夠成為時間的主人，運用這些時間。不要淪為時間的奴隸，而是成為時間的主人，做自己該做的事。

能夠靈活運用時間的人，就能夠忙裡偷閒。

淪為時間奴隸的人，整天嚷嚷著「好忙、好忙」，被時間追著跑。完成了手上的工作後，就消極地開始做下一個工作。在這種情況下，身心無法放鬆，前一個工作累積的壓力完全沒有放鬆，工作效率變差，無法想出好點子，工作上也會出現很多疏失。

• • •

不擅長成為時間主人的人，可以從明確安排事情的優先順序和行程表開始著手。在事情告一段落之後，決定下一步要做什麼。

「這份資料交出去後，我要去喝杯咖啡」、「完成這項工作後，我就要請年假」——用這種方式逐漸習慣自己掌控時間。適度犒賞自己，工作也會更有動力。

56

# 有時候要放下「利害得失」。

冷暖自知

如果不實際做一下，不可能瞭解狀況——雖然這句話很理所當然，但事到臨頭，還是會猶豫卻步。這就是人性。

前面已經談過「禪即行動」的重要性（請參考第10則），「想到就立刻行動」，這是禪的行動原理。

「話雖然這麼說，問題是無法付諸行動。」有很多人會這麼說。

也許的確如此。因為人是會考慮未來的動物，很容易在行動之前，就從利害得失的角度看問題，即使想要做某件事，仍然會心生猶豫。

任何人都不想吃虧，所以我無意全然否定考慮利害得失這件事。尤其在工作上，當然不可能無視利害得失。

「這項工作很有趣，即使賠錢也想做」，這種想法在商場上當然行不通。但是，如果是「這項工作很有趣，即使少賺一點也想做」的情況，就很推薦「禪即行動」。

我向來認為，太會算計，心靈無法富足。無論工作還是交友，只有不計較利害得失，才能創造良好的人際關係，贏得更多信任。

所以，我遇到想要做的事，都不會猶豫，而是付諸行動。

## 自己的感覺只有自己知道

有一句禪語叫「冷暖自知」。

這句禪語的意思是，「只有自己摸一下，才知道是冷還是熱。同樣的，參悟也不能靠別人教，必須親身體驗」。

如果一直看著容器中的水，永遠都無法知道是冷水還是溫水，但是，實際喝了之後，或是用手指摸一下，馬上就知道了。

人類具備了感覺外界事物的機能。

那就是「視覺」、「嗅覺」、「聽覺」、「味覺」和「觸覺」這五感。

不知道各位是否曾經有過聽到早上的天氣預報說「今天會很冷」，但實際出門後，發現「並不怎麼冷」的經驗？別人的感覺和自己的感覺不一樣，只有親自接觸戶外的空氣，才能感受冷暖。

這句禪語還包含了「即使我們體驗了某些事，也無法向他人傳達真相」的意思。

・・・

即使內心有猶豫也沒有關係，只要實際行動，親身體驗，就可以消除猶豫。這就是自己真正活著。

57

# 不再因為衝動消費而懊惱。

枯山水

網購和電視購物總是不斷有各種吸引人的商品。看到模特兒身上的衣服，會忍不住覺得「真好看」，或是看到某些可以增加生活便利性的商品價格很便宜，就情不自禁拿起手機或是用電腦「放進購物車」。或是在逛街時，看到一個皮包，無法克制「我好想要！」的感情，就忍不住買了下來。這些都是衝動消費。

雖然「想到就立刻行動＝禪即行動」，但是衝動消費並非明智之舉。而且十之八九的衝動消費都以失敗告終。看一下自己的房間，是不是堆滿了衝動購買的商品？

在談論簡單生活時，我建議各位捨棄「過去三年，完全沒有穿過的衣服、穿過的鞋子」，因為衝動消費所購買的，十之八九都是這類東西。

建議各位在購物時，試著分為以下三大類。

如果眼前有自己想要的東西，思考一下，屬於以下哪一類。①真的需要的東西。②「有了會很方便」的東西。③並非立刻需要的東西。

如果是①，當然可以購買，但是②「有了會很方便＝沒有也沒關係」，所以暫時不買也沒關係，至於③，既然並非立刻需要，當然就不需要買。

不必追求東西越買越多，而是要懂得捨棄、懂得減少，心情才會更輕鬆。

## 以極簡生活為目標

我認為禪藝術是「減法」的藝術，最極致的就是禪風庭園「枯山水」。枯山水是完全不使用水池或是流水，只用石頭和砂子，呈現山水風景的庭園。

雖然枯山水中完全沒有水，卻可以感受到溪流的流水。表現水流，並不一定需要水，只要帶著自由的心，就可以靈活運用現有的東西來表現。

減少、減少、再減少，只有減少到極限，才能夠發現真正的價值。捨棄多餘的東西，追求極簡，可以說是「空白的美」。

⋯

我們的日常生活也一樣，要去瞭解自己真正需要的東西，並好好珍惜。只要擁有必要的東西，日子就可以過得很愉快、很富足。心靈獲得自由，就能夠更富有創造力。

想要衝動消費時，不妨想一想禪風庭園的「枯山水」。

58

# 如何控制「我想要、還想要」的欲望。

少欲知足

想要平靜地過日子，最棘手的就是「欲望」。只要能夠平息內心的欲望，就可以輕鬆生活。

但是，人類的欲望沒有止境，尤其是金錢欲和物欲越強烈，內心就越無法平靜。

很多人以為年紀稍長，這種情況就會改善，但其實並非如此。人活在世上一天，就會產生各種不同的欲望，「想要做這個」、「想要擁有那個」，至此方休。

釋迦牟尼佛有一句名言，叫做「少欲知足」。

那是釋迦牟尼佛臨終前留下的《遺教經》中最後的教誨。

「多欲之人，多求利故，苦惱亦多；少欲之人，無求無欲，則無此患。何況少欲能生諸功德，行少欲者，心則坦然，無所憂畏。有少欲者，則有涅槃（參悟的境界）。

知足的人，即使粗茶淡飯，內心也很平靜。不懂得知足的人，即使住在宮殿內，內心仍然無法滿足。不知足的人，即使過著富裕的生活，內心仍然貧瘠。知足的人，即使生活清苦，內心仍然富足。」

以上就是「少欲知足」大致的內容，「少欲」就是不會一味渴望「還要、還要更多」，「知足」就是對已經擁有的感到滿足。

## 減少欲望，知足的唯一方法

如何才能控制欲望，「少欲知足」地過日子？

人無法完全消除內心的欲望，而且，完全沒有欲望，也未必是好事。因為有欲望，我們才能夠努力，才能夠自我成長，所以不是要消除欲望，而是減少欲望。

「感恩的心」是減少欲望，內心滿足的唯一方法。

我們能夠生活在這片土地上，能夠衣食無缺，能夠和親人一起生活，這種理所當然的生活，就很值得感謝。

釋迦牟尼佛教導我們，「只要隨時帶著感恩的心，認真做好自己該做的事，就一定會有良好的結果」。

平時健健康康時，無法瞭解身體健康的可貴。只有在生病之後，才能夠體會病人的痛苦。同樣的，理所當然地活著，也是一件值得感恩的事。如第二章所述，只要對「理所當然」心生感恩，心情就能夠保持平靜，就能夠少欲知足地過日子（請參考第16則）。

•••

「少欲知足」過日子的人，能夠平等、冷靜地觀察周圍，能夠帶著同理心看事物，這種人當然能夠受到他人的尊敬。

59

有些人看起來年輕有活力，有些人顯得蒼老。

身口意

「住持，你真的邁入古稀之年（七十歲）了嗎？你說自己才五十幾歲，大家也都會相信。坐禪是你保持年輕的秘訣嗎？」

即使只是客套話，聽到別人說自己看起來比實際年齡年輕，還是會很高興。

「謝謝，只要保持良好的姿勢，看起來就比較年輕。」

我和信徒之間，有時候會出現這樣的對話。

佛教認為人有「身、口、意」三業。

這是將人類的行為分成三大類。身就是身體的行動（身業），口就是透過語言表述出來的（口業），意就是起心動念要去做某件事的意志（意業）。佛教告訴我們，活在世上，必須淨化自己的三業。

身業就是要注意自己的行為舉止，要抬頭挺胸，端正姿勢。做任何事時，站在對方的立場，為對方設想，也是淨化身業。我曾經向整骨專家請教什麼是端正的姿勢，得知過度抬胸，會造成弓腰，導致腰痛，所以用胸骨下端推向前方的姿勢最理想。

口業就是「為對方著想，充滿慈愛地說關心的話＝愛語」（請參考第25則），考慮到對方的年齡和處境，說一些充滿愛的溫暖話語。意業就是不要被既定觀念或是成見束縛，「保持柔軟、靈活的心＝柔軟心」。

只要端正姿勢、說愛語，保持柔軟的心，身口意就是三位一體。只要淨化三業，行為舉止自然會變得優美動人。

## 「有人在看我」的緊張感

淨化三業，也是保持年輕的秘訣。

茶道裏千家的上一代宗主千玄室[37]大師出生於一九二三年（大正十二年），今年二〇二三年，已經高壽一百歲了。

他的姿勢很挺拔，舉手投足也很優美，完全看不出已經一百歲了。

我曾經有幸和千玄室大師交談，我向他請教保持年輕的秘訣。他回答說：「在日常生活中，隨時保持有人在看自己的緊張感，就可以努力維持良好的姿勢。」

千玄室大師說話也一字一句清楚表達，可以感受到他對別人的慈愛。從他的話語中，可以充分瞭解到他保持了柔軟心，完全就是三業清淨的狀態。

• • •

「有人在看我」的意識很重要。如果覺得沒有人在看自己，就會彎腰駝背，整個人都鬆懈，穿著也會變得邋遢，看起來比實際年齡更蒼老。

如果想要保持年輕，即使沒有特別的事，也要養成經常外出走一走的習慣。如果想看書，就去圖書館或是公園，想喝咖啡就去店裡喝。不需要去那種漂亮的咖啡店，平價咖啡店或是速食店就可以。「有人在看我」的緊張感，會讓人看起來更年輕。

37 日本最著名的茶流派之一「裏千家」的第十五代大師。

60

「用禪的方式老去」，
就是淡然接受
自己的力不從心。

花倒疏慵無事日
安眠高臥對青山

如何在人生一百年的時代瀟灑過日子？最近，經常有人問我，如何從禪的角度看待「老去」這個問題。

我經常說：「只要淡然地接受老去，這樣就夠了。」

「老去」就是漸漸無法做到以前可以做到的事。以前可以一口氣走上車站的階梯，現在走得氣喘吁吁；看電視時，必須把音量開得很大；胃口變小了；經常忘東忘西；不時發現自己力不從心。

如果自認為「我還很年輕」，不願正視「老去」這個現實，就會對力不從心的自己感到焦慮。因為一直想著已經失去的年輕，所以就會很生氣，有滿腹的怨言。這種生活會很痛苦。

淡然接受自己的力不從心，是即使上了年紀，仍然能夠輕鬆過日子的最佳方法。

當體力隨著年齡的增長逐漸衰退，就接受這個事實，同時盡可能努力維持體力，避免進一步衰退。

是否能夠接受自己老去，將會對後半輩子的生活方式產生很大的影響。

## 老去是一件快樂的事

有一句禪語叫「老倒疏慵無事日，安眠高臥對青山」。禪宗於中國南宋時代成立，這是禪宗歷史書《五燈會元》[38]中的兩句話。

這兩句話的意思是，「現在已經老了，提不起勁做任何事。對塵世的事完全沒有眷戀，也沒有絲毫的執著，無牽無掛，懶洋洋地躺在那裡看青綠色的山脈，是最大的樂趣」。

這就是禪僧的「大安樂」境界。

雖然對「提不起勁做任何事」這部分有點無法苟同，但是，不做無謂的掙扎，淡然接受自己老去，就是「禪的老去方式」。

• • •

老去也有好處。

只要淡然接受「老去」這件事，以前年輕時一些無法忍耐的事，現在也能夠慢慢覺得「原來曾經發生過那樣的事」、「喔，原來還有這樣的想法」。

有一句禪語叫「遊戲三昧」。

「遊戲」就是參悟的人心無牽掛，任運自如，得法自在。「三昧」就是忘我地投入。不是「做開心的事」，而是「做什麼事都開心」。

只有上了年紀之後，才能這樣瀟灑地悠遊人生，所以請務必期待自己慢慢變老的日子。

38 宋淳鈞十二年（一二五二年），由杭州靈隱寺普濟編集。所謂「五燈」分別指北宋法眼宗道原的《景德傳燈錄》、北宋臨濟宗李遵勖的《天聖廣燈錄》、北宋雲門宗惟白的《建中靖國續燈錄》、南宋臨濟宗悟明的《聯燈會要》、南宋雲門宗正受的《嘉泰普燈錄》。

61

永遠都對活著這件事
充滿感謝。

託您的福

「不希望連自己的喪葬費，都要讓兒女操心。只要加入〇〇保險就安心了。」

在報紙廣告和電視廣告上，經常看到某保險公司的這則廣告，顯然市場有這樣的需求。

姑且不討論喪葬費的問題，隨著年歲增長，人生進入晚年，每個人都會考慮到自己的死。對每一個人來說，如何度過晚年生活，如何用自己希望的方式，走完生命的最後一段路，都是重要的課題。

但是，禪教導我們，專心活在「當下」這個瞬間，才能打造充實的人生。前面也曾經介紹了「前後際斷」這個禪語——現在和過去（前際）和未來（後際）都斷絕，只有現在是無可撼動的存在（請參考第9則）。

佛教認為，「祖先把生命暫時交到我們手上，因為有祖先，我們才能擁有此生」。或許有人認為是靠自己獨立活在這個世上，但事實並非如此。

每個人都有父母，父母也有各自的父母。追溯到十代之前，會有一千零二十四位祖先，如果追溯到二十代之前，我們的祖先超過一百萬人。

只要其中少了一人，就沒有今天的自己。從這個角度思考，就能夠充分瞭解是祖先讓我們擁有此生。

此生是祖先把生命暫時交到我們手上，所以，當我們結束此生時，就必須歸還。

朋友把重要的物品交給你保管時，在歸還給朋友之前，你一定會好好保護，不會讓物品受傷、毀壞。

祖先暫時交到我們手上的生命也一樣，絕對不能自己終結生命，要好好珍惜代代相傳的生命，在人生走到終點時，要表達內心的感謝，同時歸還生命。

## 託祖先的福

「託您的福，我很好。」

「託各位的福，我們順利迎接了五週年。」

平時在表達感謝時，經常會用到「託福」這兩個字，其實這也是佛教用語。

原本的「託福」是指託祖先的福，祖先庇蔭、守護著我們。我們是因為有祖先的庇蔭，才能活在世上。

「託您的福」。只要想到祖先，就要發自內心表達感謝。

•••

在聊天時，只要多說一句「託您的福」，氣氛就會變得和諧。這句話同時也是表達對祖先的感謝，所以希望各位在日常生活中多多使用。

62

# 每一天、每一年，都要「重整」嶄新的心。

日日新又日新

各位知道什麼是「遺偈」嗎？

遺偈就是禪僧在辭世之前，將自己修行的心得和給後世的教誨、勉勵寫成的偈頌（漢詩）。

為了避免在臨死之前無法留下偈頌，通常都會在新的一年初始寫下遺偈。如此一來，即使隨時踏上生命的另一段旅程都不必慌張。目前這種傳統漸漸失傳，但曾經擔任住持的祖父和父親都這麼做，所以我也每年都在元旦那天寫遺偈。以下是我今年寫的遺偈。

人生七十古稀迎，
庭屋創作五十餘。
建功盡心念極藝，
俊英堂宇明光景。

「人生已經來到古稀之年，從事庭園設計工作五十多年，全心全意做好建功寺住持的工作，努力建造『禪風庭園』，我的寺院充滿光明。」

我把我擔任住持的建功寺的「建功」，自己的名字「俊」和「明」都寫進了這首漢詩。

我每年年初都會在行事曆背面用毛筆寫下新的「遺偈」，下定決心，要把這種心情作為自己的精神支柱，好好過這一年。

## 推薦「一字遺偈」

有一句禪語叫「日日新又日新」。

這句話的意思是，「每天都是新的一天，也要帶著嶄新的心，接觸嶄新的世界，每天持續進步」。

我們很難讓自己保持嶄新的心，很容易拘泥過去，放不下過去。「日日新又日新」就是勸導我們要放下過去，帶給我們力量。

新年最容易讓人的心境煥然一新，擁有一顆嶄新的心。

很多人都會重整心態，建立新的抱負和目標，「希望今年是〇〇的一年」。

不妨問邁入新年後嶄新的心，寫下自己的「一字遺偈」。如果希望一整年都全力衝刺，就可以寫下「衝」；如果想要活得瀟灑，就寫下「灑」；想要創造新的事物，就寫下「創」；想要談一場美好的戀愛，就寫下「緣」；希望自己能夠冷靜看待事物，就寫下「靜」……

不用毛筆寫也沒關係，關鍵在於迎接新的一年之際，讓自己的心態有新氣象。這個字一定會刻在心上，而且反映在自己的行為中。

• • •

禪的生活方式，就是在每天生活中，認為這一天、這個瞬間只存在於「當下」，好好珍惜「當下」。這就是在每一個瞬間，都重整自己的心態，保持一顆嶄新的心。

國家圖書館出版品預行編目資料

你可以習慣不在意：不內耗、不執著、不迷惘的62個心態重整練習 / 枡野俊明著；王蘊潔譯--初版.--臺北市：平安文化, 2025.5 面；公分. --(平安叢書;第841種)(UPWARD;174)
譯自：リセットする習慣　やり場のない感情を整える62のヒント
ISBN 978-626-7650-29-5 (平裝)
1.CST: 人生哲學 2.CST: 生活指導

191.9　　114004003

平安叢書第0841種
**UPWARD 174**

# 你可以習慣不在意

## 不內耗、不執著、不迷惘的62個心態重整練習

リセットする習慣　やり場のない感情を整える62のヒント



作　　者—枡野俊明
譯　　者—王蘊潔
發 行 人—平　雲
出版發行—平安文化有限公司
台北市敦化北路120巷50號
電話◎02-27168888
郵撥帳號◎18420815號
皇冠出版社(香港)有限公司
香港銅鑼灣道180號百樂商業中心
19字樓1903室
電話◎2529-1778　傳真◎2527-0904
總 編 輯—許婷婷
副總編輯—平　靜
責任編輯—蔡維鋼
行銷企劃—蕭采芹
美術設計—Dinner Illustration、李偉涵
著作完成日期—2023年
初版一刷日期—2025年5月
初版五刷日期—2025年7月
法律顧問—王惠光律師

讀者服務傳真專線◎02-27150507
電腦編號◎425174
ISBN◎978-626-7650-29-5
Printed in Taiwan
本書定價◎新台幣340元/港幣113元